AQUARIUS

AQUARIUS

AQUARIUS

AQUARIUS

Vision

一些人物，
一些視野，
一些觀點，
與一個全新的遠景！

別人怎麼賺錢是你不會的

黃啟團（重量級心理學導師）◎著

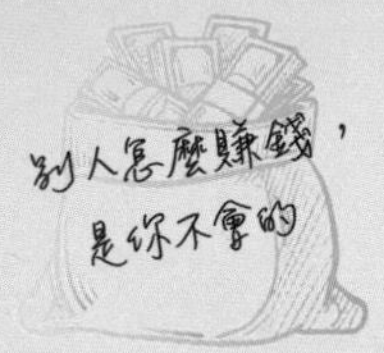

【推薦序】

關於金錢的二十五個結，團長教你一一解開

文◎楊斯棓醫師（《人生路引》作者）

台語諺語有一句：「一個錢，拍二十四個結。」諺語中的「拍」，在華語裡的意思就是打結的「打」，意即某人吝於用錢，要他花掉口袋裡的一塊錢，得先把綁在錢上的二十四個結解開。

談論金錢的書多如牛毛，一定有人質疑，可有差這一本？

作者黃啟團先生有心理學背景，我認為這本《別人怎麼賺錢，是你不會的》可以幫助讀者解開自己心中有關金錢（至少）二十五個死結。

很多人因為父祖餘蔭、地利之便或是所屬產業正值成長期而致富，致富之後，如果沒有足夠的金錢智慧，糾結於任何一個金錢之結，很可能逐漸或一夕間失去財富，甚至連日後賺取財富的動機也一併喪失。

商業雜誌每隔一段時間就會做一個歷久不衰的專題，詢問年輕人一輩子要有多少錢，才能安心退休。這個數字可能是三千萬，也可能是一億，似乎數字喊多一點，標題在超商架上就顯得格外醒目。

當然雜誌的內文中還有一些富建設性的討論，只是這種標題似乎隱隱揭示財富是一種最終目的。

我人生的最終目的，此刻作答，我會說是極盡可能地推廣閱讀，以及為了改善舉世的能源貧窮去奉獻心力。金錢是我的工具，這項工具我用得好（包括賺取、駕馭、投資能力等），它就更能讓我實現目的。

我建議讀到這篇文章的朋友，看了前段不同字體的這句話，也試著寫下自己人生的最終目的，若然，你會更正確認識金錢對你的意義。

當你正確看待人生目的與金錢的角色，當你的目的越崇高，你越有機會賺到更多錢；你賺到更多錢，如果你不全是為了私欲（我贊成吃米其林以及做ＳＰＡ，適度讓自己身心放鬆），就越有能力達到更崇高的目標，有時甚至可以用互為因果，看待這兩者的關係。

有句台語諺語叫：「錢死，不通人死。」這句諺語其實跟另外一句有關金錢的提醒很像：錢能解決的，都是小事。

擔任實習醫師那年，深刻體會到值班有多累人。如果值週五的班，週五白天正常上班，晚上開始值班，得值到週六早上。有的科別，週六早上還要繼續上班，有時到下午才能下班。通常下班後會累到得休息到週一早上，疲勞才能消除，體力才能恢復。

擔任住院醫師的時候，收入比實習醫師好些，需要完成的報告跟俗務更多，但能睡覺的時間更少了。怎麼辦？有一次，當時服務的科別開年度學術會議，結束後，我邀同事黑糯米和學妹小草莓一起去吃哈根達斯冰淇淋。吃完之後，我們還想聊天，我看旁邊有附設腳底按摩，就相邀她們二人一起去做腳底按摩，那是我生平第一次嘗試。

先前我怕一捏下去，會痛得縮回去。本來的如意算盤是，如果怕痛沒辦法抓，把時間讓給我同事就好，想不到被抓之後，覺得通體舒暢，疲勞程度銳減。我徹底領悟「錢死，不通人死」的道理，而且雖然說「錢死」，當下我也賺了身體舒爽；若總是捨不得花這種錢，早晚積勞成疾，甚至沒命。

後來到另外一間醫院擔任住院醫師時，制度更人性化，若週間值班，隔天中午可以下班，我反覆嘗試過多次下班後按摩與否的疲勞感：如果週一值班，週二中午下班後，我不去按摩，只靠睡覺，大概要到週四才能消除疲勞；但我若週二下午就去按摩，通常當天就可以恢復該有的體力。

團長在書中教人要「把時間花在優勢大（自己擅長）的事情上」，延伸來說就是不要把時間花在自己不擅長的事情上，適度地外包。他的個人經驗是把「打掃家裡」外包給家政服務，省下來的時間，他可以休息或鑽研專業。

團長的核心原則是：「把專業的事情交給專業的人去做。」我非常認同，我的作品《人生路引》裡面，也舉了大量親身經驗。

家父每週二、四、六要在台中洗腎，我親自陪同，但我包了一輛計程車：洗腎報到的二十分鐘前，車子會在我們家樓下等；洗腎機開始運轉後，我會算一下結束時間，告知駕駛大哥，他再帶我們回家。

若然，我不用花時間停車，也不必花心力駕駛，還讓這位大哥多了一份穩定收入，讓他更能安心養家。

而且我還做了一件很多包車者不會做的事。

很多人一把年紀還有一個爛觀念，認為「花錢的最大」，錯！「不賣的才是最大」！

通常我們從家中前往醫院這個趟次，是大哥一天中的第一趟。這趟車，大哥一定能準時來帶我們。

但回程這趟，有時大哥會因為長途客而跑到隔鄰縣市。我鼓勵大哥要多賺錢，儘管安心去載長途商務客，若確定來不及，提早傳簡訊告知我即可，我直接在醫院叫台灣大車隊的車。叫車時，設定需要開後車廂、有輪椅，願意付現（因為短程，我們願意多付一點，湊一個整數）。我雖然需要多幾個動作來安排，但依然能擁有一趟安全、方便且雙方愉快的行程。

團長說，「要賺錢，需要學會如何與人相處」。這句話，我也深深認同。

我曾看一些朋友辦活動，工作人員都是拗一些老朋友充任，我發現他們的臉上總是微笑或苦笑，很難開懷大笑。

有一些活動是不收門票，共襄盛舉的，勉強還說得過去。

但自己收門票的活動，卻拗朋友來當工作人員，這其實非常傷害友情，也等於公告周知自己帶著錯誤的金錢觀。

我在北投加賀屋辦自己的新書讀友會時，謹記這種教訓，我們用市價聘請有攝影專長的朋友擔任攝影師，支付鐘點給協助行政報到流程的三位朋友。

在朋友眼中擁有正確金錢觀的我，也經常用行動來告訴身邊的人，什麼樣的安排，才是一個擁有正確金錢觀的人會做的決定。

在金錢觀的認知路上，我們生來必定趨近於無知狀態，不必引以為恥。透過學習模仿，我們會漸漸往完美前進，而團長就是我們最好的領路人。

【推薦序】

開啟你的賺錢「超頻」模式

文◎寶可孟（理財達人‧《寶可孟刷卡賺錢祕笈》作者）

小時候我很愛玩電腦，那時老爸買一台電腦（大概是三八六時代）要價不菲，大約五至六萬新台幣，昂貴的不得了。我跟我弟往往為了玩遊戲取得極佳效能，都會努力鑽研這些電子零件，並且想辦法進行「超頻」——把電子零件的時脈速度提升至高於廠方所定的速度運作，從而提升性能，就為了玩遊戲的爽快感。

沒想到事隔多年後，展讀此書，讓我有一種說不出來的熟悉感，彷如一本「賺錢的超頻指導術」，讀完就能開啟自己的「賺錢模式」。

本書用簡單的三個等級：「掙錢」、「賺錢」、「值錢」，一步一步教你解構「錢」的本質，讓你知道該如何重新建構自己的價值觀。

第一階段的「掙錢」，如同字面上的意思，就是憑一己之力去賺取金錢，用能力跟時間去換取金錢。比如說寶可孟與廠商合作推薦文乙篇數千元，那麼只要接越多合作文，我就賺得越多。

第二階段的「賺錢」，指的是更加進階的運用。比如說寶可孟成立「卡板邦聯盟」公司，內部有三位部落客：寶可孟和輝哥、CW大大，當廠商找我合作時，一口氣簽下三個人，開價五萬塊錢，那麼三個人依比例分配下來，我們賺的錢就比一人單打獨鬥的收入還要高。這就是「賺錢」的奧義：洞悉人性，並且善用團體戰與其他人的優勢，為自己賺錢。

第三階段「值錢」，當你建立起自己的個人品牌和知名度時，就開始會有廠商希望做中、長期的合作，以半年／一年的合約來談代言跟合作，那麼，此時賺取的金錢也許就是百倍起跳。在這個階段，「錢」會自動找上門：廠商搶先把資源給你，因為你「值這個錢」。

這三個等級，我都經歷過，對比書中的三個金錢法門，竟是如此契合，簡直是不可思議！

很多人好奇寶可孟的成功模式到底是什麼。其實仍不脫我的核心思想：「互利共享」的讓利精神。

在粉絲、廠商利益與個人利益三者之間，我總是把粉絲跟廠商的利益優先擺在前面。無論是在合作文章下方舉辦「加碼活動」，回饋粉絲，或是舉辦「ＭＧＭ親友推薦」活動，我都是最大限度地回饋粉絲，因此成效特別好。廠商看了笑呵呵，粉絲也有高度參與感。

為什麼要這麼做呢？「有形的價值」，比如合作稿費、揪團的刷卡金等等，是大家最在乎的短期利益，我統統都讓出去了。我在舉辦活動時，更在乎的其實是「無形的價值」——即「影響力」與寶可孟這個「品牌」在大眾心裡的印象。

當你不以短期利益（一篇文章或ＦＢ貼文一定要收多少錢才發布）著眼來經營，未來當廠商有預算與活動時，一定是第一個想到我：「之前寶可孟都有幫我們分享產品，這一次有預算，可以找他合作！」雖然我當下賺的錢少了，還得耗費時間和心神舉辦回饋活動，但長期而言卻是一門划算的投資：我獲得了影響力，未來品牌合作的可能性也大大提升，這就是「互利共享」背後的多贏策略。

你是一個害怕金錢的人嗎？早期，老爸、老媽因為不懂信用卡，所以每次收到信用卡帳單，都只繳最低應繳額度，被銀行收了好幾年的循環信用利息。

直到我退伍後，開始檢視家裡的開支時，才發現原來信用卡的循環利息，就是我們家財務的吸血蛭！

一般人看到這裡，都會覺得接下來我一定視「信用卡」為洪水猛獸，把剩下的錢還完後，就再也不敢碰了吧。事實正好相反，當我開始工作後，入手了人生第一張信用卡的那一刻起，我對信用卡的好奇心已超過「厭惡信用卡」的那堵高牆。每當我在網路上吸收更多信用卡知識時，對這項金融產品的喜愛便更勝以往，並且試著回家去教育我的父母：信用卡不是「借貸工具」，而是可以讓我們省下更多金錢與邁向財務自由的「支付工具」。

隨著觀念的轉變，我們一家人用起信用卡更加愉悅，我也善用卡片的紅利點數跟哩程點數，帶全家人飛了幾趟免費的日本之旅，老人家都開心極了！

如果你還沒有開啟自己的賺錢「超頻」模式，實可盃非常建議你詳加閱讀這本指導手冊，絕對能夠有所助益。願我們在未來財務自由的路上，長相左右，加油！

【自序】

如何開啟財富自由之路？

每一個人都渴望獲得更多的財富。每逢佳節，我們都喜歡用「恭喜發財」來祝福別人。沒有人會嫌錢多，因為我們都知道「金錢雖然不是萬能的，但沒有錢是萬萬不能的」。可是，錢並不是我們想要得到就能得到的東西。

我們都會有這樣的困惑：

・為什麼有些人掙錢很容易，有些人終其一生都在為錢疲於奔命？
・怎麼能在享受生命的同時，順便就把錢給賺了？
・如何才能過上財富自由的日子？
・明明每個人都想獲得財務自由，為什麼只有少數人真正實現了財務自由呢？是我們不夠聰明、不夠努力，還是運氣不好？

我經常會在課程中問學員：「你在生活中最難忍受的是什麼？」

有一個學員這樣回答我：「我受夠了沒錢的生活！」

這個答案道出了很多人的心聲。

我請他到台上來，一邊跟他聊關於錢的話題，一邊留意他的肢體語言。身體從來不會騙人，透過他的肢體語言，我捕捉到了他的一些祕密。

我留意到，他握著麥克風的左手一直在發抖。於是我請他閉上眼睛，將注意力放到發抖的左手上，去感受自己究竟為什麼發抖。我看到他在閉上眼睛之後，手越抖越厲害了。過了一段時間，他眼中的淚水奪眶而出。我問他發生了什麼事，他說他爸爸曾因為錢打過他——大概五歲的時候，有一次他從家裡悄悄拿錢，被爸爸發現了，他不僅被揍了一頓，還被趕出了門外。

這樣的事情對一個小孩子來說是難以承受的，會在心理上留下極大的創傷。你很難想像，一個大男人竟然會對著台下一千多個陌生人嚎啕大哭。

當他的情緒宣洩得差不多了，我問他：「你對錢是什麼樣的看法？」他告訴我，他這輩子被錢害慘了。

講到這裡，我想各位讀者已經知道這位朋友為什麼沒有錢了——在他的潛意識裡，一直有一個「自己被錢害慘了」的想法。一個認為自己被錢害慘的人，怎麼可能擁有更多的錢呢？

當時，我做了一段個案諮商，建議他問自己幾個問題：

- **你真的是被錢害慘了嗎？**
- **如果你有錢，你還需要「偷」錢嗎？**
- **你真的是被「錢」害慘的？還是被「沒錢」害慘了？**

（這三個問題的意思好像差不多，但在潛意識中卻會呈現出相反的信息。）

這位學員按照我的建議，問了自己這些問題之後，頓時豁然開朗，他的整個觀念都發生了改變。我們要知道，當一個人的觀念發生改變後，他的行為就會發生改變。行為改變了，結果自然也就改變了。後來我們再聯繫的時候，他告訴我，他的收入在一年之內翻了一倍——這並不是因為他的能力得到了極大的提升，而僅僅是因為他改變了對金錢的觀念。

我本人現在算不上是一個很有錢的人，但切身經歷了一段從貧困到財富自由的歷程。我曾經傾注了大量心血去研究關於金錢的理論，最終發現了一些規律。在過去二十三年的心理

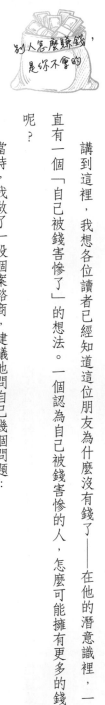

學教育工作中，我將這些規律教授給了很多學員，使很多人從內而外發生了巨大的改變。你可能會覺得這有些「玄」，但我在這裡想和大家分享的是——關於掙錢，其實我們每個人的內心機制都發揮著作用，是有其心理規律可供大家參考的。

一個人要想獲得財富，大致有三種方法：

第一種方法：掙錢

憑藉自己的能力和時間創造財富，然後去換取金錢。

這裡會涉及兩個問題，第一個問題是「如何掙」，這是技術層面的問題；第二個問題是「敢不敢掙」，這是心態層面的問題。

大多數人缺錢，本質上來說跟他的能力並沒多大關係，而與他對財富的認知密切相關。很多人有一些「病毒性」的想法，這些想法會限制他去獲得財富。比如，有人認為錢是骯髒的，是萬惡之源；有錢人都愛炫耀；做生意的人都是奸商；凡事談錢就太俗了……當你如此認知錢或仇視有錢人的時候，你就已經把財富攔在了你的身外。

所以，想要掙錢，我們首先要消除內在對於金錢的一些錯誤觀念。當我們消除了這些錯誤觀念之後，便會打開通往財富的大門，這樣財富才能「流向」你。在本書中，我將分享一些心理學知識，這些心理學知識看似與「錢」沒有直接關係，卻能幫你更新觀念，消除潛伏在內心的「財富病毒」。

第二種方法：賺錢

一個人的能力和時間是有限的，就算你再努力，你掙的錢還是有限的，所以掙錢並不是一個最好的方法。當你掙到了錢之後，你就可以採用第二種方式——賺錢。

在這本書中，我會用較長的篇幅與大家分享如何去瞭解人性，讓別人來為我們「賺錢」。這是一種更為輕鬆獲取財富的方法。

第三種方法：值錢

這是對金錢最正確的理解。

值錢，就是讓「錢」來找你。一個值錢的人，會吸引周圍的人主動給你投資，他們願意將自己所掌握的資源給你調用。

有些人覺得自己的能力並不差，但為什麼有的人就能吸引資源，還有伯樂願意給他們機會，自己卻不行呢？究其原因，是因為他們身上有「值錢」的特質。要知道，成為一個「值錢」的人，是賺錢的前置條件。

關於值錢，有一個觀念非常重要，叫作「自我配得感」。比如，當你收到別人的禮物，特別是一些貴重的禮物時，會不會覺得不好意思；或者別人讚美你的時候，你會不會很害羞、很難為情。

如果是，你就產生了「不配得感」（就是你覺得自己不值得擁有這麼好的東西）。這種不配得感會將原本屬於你的財富拒之門外，因為你覺得自己無法「匹配」這些財富。這會造成你對一些掙錢的機會視而不見，以及好不容易掙來的錢莫名其妙地「消失」。

「掙錢」、「賺錢」、「值錢」，是關於金錢的三個法門，掌握了其中的規律，我們才可能由內而外、循序漸進地成為一個富足的人。

*編輯注：本書內容舉例之金額，皆已換算為台幣。

別人怎麼賺錢，
是你不會的

目錄

【掙錢篇】如何掙到第一桶金？

目錄

【值錢篇】如何讓財富找到你？

【行動篇】如何知行合一地創造財富？

目錄

【理念篇】財富的規律

Chapter 1

關於金錢，你最大的困難是什麼？

我們所有人都想又快又多地掙錢，希望自己的每一分努力都能夠獲得豐厚的回報。但是，對於金錢的錯誤認知，卻常常阻礙我們獲取財富。而我們只有在理解了「掙錢」、「賺錢」、「值錢」背後的規律之後，才能開啟富足人生。

獲取財富的第一個決定

初入社會的時候，於物質財富方面而言，我是一個非常窮的人。

在大學畢業後，我被分配到一家績效不太好的國營機構，當時的月薪只能勉強解決溫飽。在我以往的人生觀裡，勤勞是通往財富的唯一通道，所以我在工作崗位上非常勤奮，以為這樣我就能獲取更多的財富。但事與願違，無論我怎麼努力，薪資還是很低。後來，我從一個普通的職員熬成了管理人員，可還是入不敷出，甚至還要靠身在農村的父母接濟。

後來，我實在受不了這種投入與產出完全不成正比的生活，離開國營單位，「下海」（從商）去了。當然，這是一個非常痛苦的過程。在我的父母看來，從農村生活到城市定居，再獲得一個「鐵飯碗」，已經是夢寐以求的事情了。即便他們知道我過得拮据，也不希望我放棄這個「鐵飯碗」。

但不管父母和親朋好友如何反對，我還是堅決地下海了。因為那時候我就知道——不管如何努力，自己是無法突破職業「天花板」的。

當然，離開原本的國營機構後，我也經歷了一段非常艱苦的時光，這種苦，更多是身體上的苦。雖說非常難熬，但內心的那抹希望卻在這苦痛的澆灌下，變得越來越炙熱，與之前那種看不到希望的壓抑比起來，我甚至感到一絲甘甜。

即便到今天，我還是會追問自己：究竟是什麼力量驅使我放棄手中的「鐵飯碗」？是能力？還是心態？抑或是別的什麼原因？

可能有些朋友會覺得：不就是換個工作而已，有那麼嚴重嗎？有這樣看法的朋友，肯定是沒有過過窮苦的生活。在那個時代，一個人如果扔掉自己手中的「鐵飯碗」，在周遭親朋好友的眼中幾乎可以與「瘋子」等同。

無論是三十年前還是現在，假若我們站在個人命運的十字路口，仍舊會受到某些舊有模式的影響。

如今，我的主要工作是培訓心理導師，向大眾普及心理學知識，讓更多的人受益。目前這個導師團已經有七百多人了，裡面有很多優秀的導師，非常受學生們的喜歡。你可能會認為這些導師團導師的收入應該很不錯，其實不然，有一些導師真的非常優秀，但就是賺不到什麼錢。

其中的一位女導師講課水準非常高，可就是沒人請她去講課。她像我當年一樣，時常需要靠借錢度日。

我曾經問過她：「你這麼優秀，為什麼不主動去推銷自己呢？這樣或許可以爭取一些講課的機會。」

她回答：「團長，我為什麼要去推銷自己呢？只要我講課足夠好，就一定能吸引更多人。如果沒人找我，只能證明一件事情：我還不夠好。有一句話叫『花香蝶自來』，我為什麼要低聲下氣地去求別人呢？」

她認為推銷自己是一件低聲下氣的事情，她堅信「酒香不怕巷子深」，只要自己足夠好，

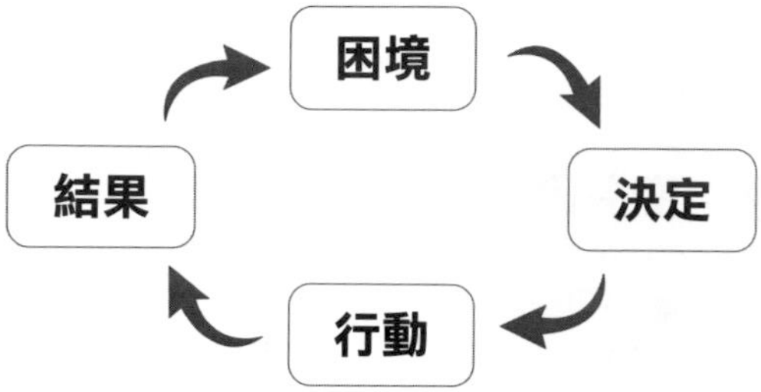

就不怕沒有用武之地。

這位導師沒有我當年是否要從體制中出走的糾結，甚至還有比我強的地方——起碼她有滿腹學識。但她和當年的我一樣，都處於無錢可掙的境地。

究竟是什麼把她給困住了呢？

假如你的財富之路陷入「死循環」

在我們的思維中，通常會有這樣一個邏輯閉環：如果你處在一個困境裡，就會做一個決定↓有了決定之後，你就會採取行動↓行動之後，自然就有了相應的結果↓得到的這個結果，會反過來強化你的決定。最終，你就會進入這樣一個閉環：困境—決定—行動—結果（參見上圖）。

例如：一個人沒有錢，這是他的**「困境」**，他可能會因此做一個不亂花錢的**「決定」**，於是

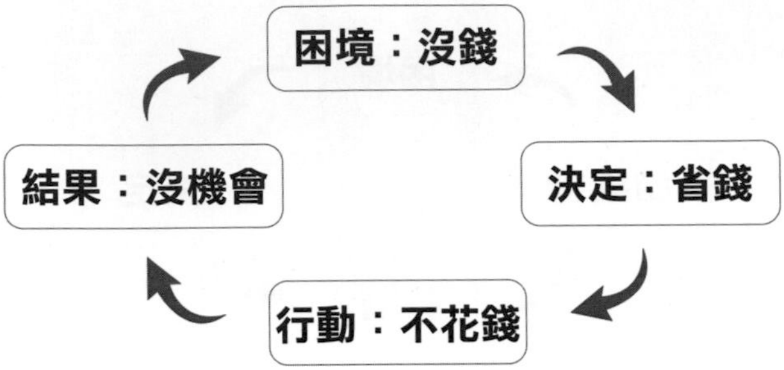

他每天都會很節省，這是**「行動」**，最後的**「結果」**自然不會有太大的變化，因為他一直在用笨辦法掙錢。越掙不到錢，他就越要省錢，越省錢就越掙不到錢……不管怎麼努力，他都跳不出這個困局。

當我們遇到問題時，為了能夠解決問題，我們必然會做出決定，然後按照自己的決定行動，而行動帶來的結果，又會讓我們重複之前的問題。一旦這個循環系統形成了，我們便會自主強化初始的決策動機，進而不斷循環。如果我們不能打破這個循環，將會在重複的失敗中浪費一生。

二十多年前在國營機構上班的時候，我便遇到了這樣的困境：月薪很低，僅能溫飽。於是，我做了一個決定：更加努力地去工作。埋頭工作便帶來了一個結果：外面的世界被我主動擋住了。這時，我就陷入了一個死循環，一個永遠也解不開的死結。

當時我的想法是只要在工作崗位上足夠努力，就能有所突破；如果沒突破，那一定是我還不夠努力。那時的我並沒有意識到，企業的整體發展不是由我個人的努力決定的，所以不管我怎麼努力，都無法突破這個「天花板」。

那位女導師確實有很強的授課水準，可是，她也遇到了沒有授課機會的困境。面對困境，她的應對方法是等待，等待別人主動來找她。她根本不會去主動推銷自己、展示自己。結果自然就是無人問津。然後，這個結果又強化了她的決定，她覺得自己要繼續等待……其實，她跟當年的我一樣進入了一個死循環。

那位導師的腦海裡一直縈繞著這樣的想法：「推銷自己是一件低聲下氣的事情」、「酒香不怕巷子深」，此時，她便陷入了一座封閉的「圍城」之中。

人生有時候就是這樣，當我們有了鍛鍊的機會，才會有更快的進步；如果沒有鍛鍊機會，能力就得不到提升；能力得不到提升，就更沒有人找我們……「酒香不怕巷子深」確實有其道理，但這要有一個先決條件，就是酒要足夠香，香到所有人都聞得到。如果你的酒沒有那麼香，或者別人都在積極地推銷自己的酒，那麼你要先走出去才會有機會，有了機會，你的能力才會不斷提升，只有這樣你才能吸引來更多的「蝴蝶」。

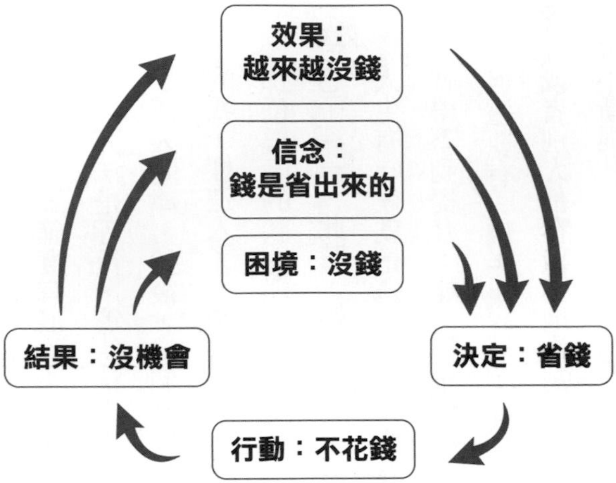

以上我所講的內容，可以用心理學中的**「第一序改變」來解釋：當我們陷入了某個無形的框架之中，就算再努力想脫困而出，如果這個框架不被打破，不管你再怎麼努力，都是沒有結果的。**

原因很簡單，你被困在一個困局裡面了，困局的背後是一個穩定的框架，這個框架並不是外在的環境，也不關乎你的能力，它與你的「想法」息息相關。

比如前面那個「省錢」的例子（見第三十八頁）：有人認為錢是省出來的，可是錢真的是省出來的嗎？我們有沒有見過一個人是因為省錢而變成富人的？

事實上，錢不是省出來的，而是「賺來的」，要賺更多錢，則需要讓自己「值錢」。

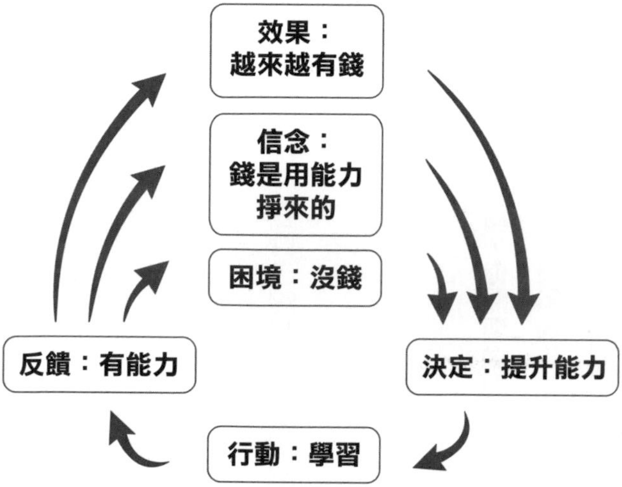

從困局到生機，一念之間

不光是掙錢，我們人生所有的困局，都源自大腦中的某個想法，當這個想法轉變之後，我們的人生就會從根本上發生改變。世界無限，除非你畫地為牢，自我設限。而很多的改變，往往就在於「動心起念」之間。

當你看清困局背後的框架，知道了問題的根源時，你就能從第一序改變走向「第二序改變」：你不再在困局裡掙扎，而是跳出當下的困局，尋求改變。只要你能夠從第一序改變進入第二序改變，你的整個人生就會發生改變。

關於省錢這件事，當你能清醒地認識到「錢並不是省出來的」，你便不會再堅持那個讓自己陷入困局的觀念。

換一個假設，如果你願意把關於金錢的

觀念改成「錢是用能力掙來的」，那麼，你的決定就會變成「提升能力」，而行動就會是「學習和成長」，結果自然就是「變得更有能力」，然後「用更強的能力去賺取金錢」，這樣的結果會強化「錢是用能力掙來的」這一心理基礎。如此，死循環就成了一個正向循環。

二十多年前我工作的那個機構，在我離開後沒幾年就倒閉了。如果我只是埋頭工作，不抬頭看遠方的路，等那個機構倒閉了再出來找工作，只怕會更加艱難。我離開了那裡，擁有了一片更廣闊的天空。

同樣地，那位女導師如果願意改變自己的想法，主動行銷自己，這便開啟了第二序改變。假如她不願意改變自己的想法，只怕她會一直等下去。

從困局到破局，你需要拋開原來的那個心理框架。這個框架可能是一個有形的框架，比如發展不好的公司、沒有前景的工作；也可能是無形的框架，比如我們頭腦中那些「病毒性」想法。

如果你用心理解這個循環，我相信，你一定會發現一些一直被你忽略的東西。當你能找出那個困住你的觀念時，你將發出會心的微笑。一旦你能看見，就可以重新選擇，就會跳出這個困局，從第一序改變走向第二序改變。

跳出自我設置的牢籠，你才能發現更大的世界。

關於金錢，你最大的困難是什麼？

【財富行動指南1】

1 關於錢，你最大的困難是什麼？你被什麼給困住了呢？

2 用本章的「困境→決定→行動→結果」循環，將你自己的困難，按照同樣的格式寫下來。

3 思考如何突破這個困局。

拋開心理設限，才不會繼續在困局裡掙扎，進而能夠跳出當下的困局，尋求改變。

Chapter 2

有錢人想的，跟你想的不一樣

在日常生活中，我們總能遇到一些能力很強，但收入平平的人；但有些人看起來平平無奇，卻過著十分富足的日子。關於金錢，其內在到底有什麼規律呢？有錢人到底是如何思考財富的呢？

在之前的內容中，我們提到了第一序改變和第二序改變。第一序改變就是在原有的框架和假設下努力，最終卻發現怎麼努力都沒有效果。第二序改變則是跳出原有的思維框架，在新的系統裡工作。

在本章的內容中，我們將換一個角度思考財富，以發現我們究竟在哪些地方與有錢人產生了差距。

真的是錢把你害慘了嗎？

我在自序中提及，在一次講課過程中，我請一位說自己受夠了窮的男學員上台，他在說起自己的往事時，手一直在抖；想到自己小時候因為偷錢被爸爸暴揍一頓的事情，他甚至哭了出來。

當然，他的發抖和哭泣，是因為我在現場做了引導——我留意到他身體的反應，並引導他去關注自己的身體。《心靈的傷，身體會記住》（*The Body Keeps the Score*）這本書裡有一段這樣的描述：我們的身體會把我們以為忘記的東西記錄下來，身體是知道答案的。所以，順著他的肢體反應，我便引導他回憶起童年的這個經歷。

當他的情緒平復了之後，我問他：「這件事讓你對金錢產生了什麼樣的想法？」

他說：「我這輩子都被錢害慘了。」

一個人如果認為錢是害人的，他怎麼可能會讓錢靠近自己呢？即使頭腦中很想掙錢，但潛意識也會出現各種阻礙。他將「我這輩子都被錢害慘了」這個想法當成了事實，潛意識中的認知與現實融合。

後來我不斷地疏導他，幫助他認識到不是錢在害他，而是「沒錢」的念頭在作祟。他突然間有了一種如夢初醒的感覺，這個過程，我們將其稱作「認知解離」，就是將想法與事實分開。

在生活中，我們總喜歡把自己的想法等同於事實，其實我們的想法僅僅是想法而已，它們並不是事實。

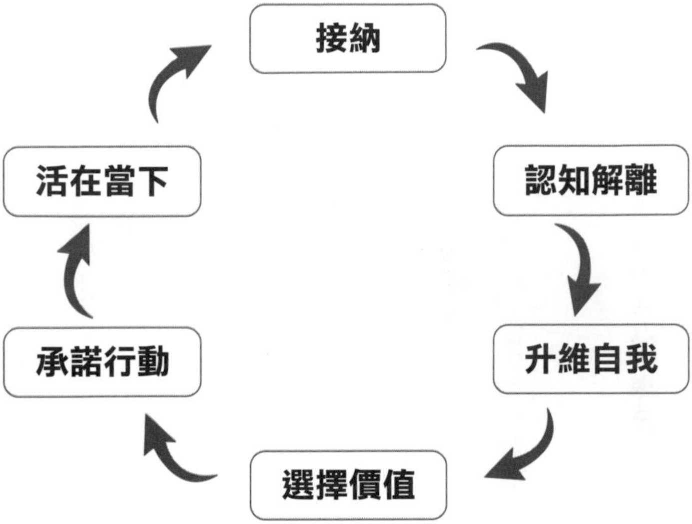

有錢人和窮人，最大的區別是什麼？

對於說「錢把我害慘了」的那名學員，我為他做了哪些心理重建？為什麼一次諮商之後，他的收入就大幅增加？

其實，我做的事情很簡單，我僅僅讓他看清楚了一個事實：**他的想法並不是事實。**

第一步：接納生命中的創傷

我將他的潛意識引導回童年，以現在的經驗及人生歷練，重新去看待這一段經歷，不抗拒、不迴避。

在心理學上，這叫**「接納」**，即接納生命中的創傷。

第二步：認知解離，分清「想法」與「事實」

我引導他將視角抽離原有的角度，以理性的視角來重新看待這個事件，讓他看到「錢把我害慘了」僅僅是他當年的一種想法，並不是事實。

這一步是**「認知解離」**，從而分清「想法」與「事實」。認知解離之後，他便能夠明白，並不是錢把他害慘了，而是因為沒錢，他才會產生錯誤的行動——偷錢。

第三步：升維自我，跳脫出來思考

引導他產生新的想法：要成為一個有錢人，不再受錢的困擾。這樣他的自我維度就會得到提升。

這一步叫**「升維自我」**。其實就是從不同的時間、空間和思想上，改變他原來的想法，將他從當年以為是事實的想法中徹底解脫出來。

第四步：與正確的金錢觀產生連結

當我把他帶到一個更高的維度去重新審視那件事後，他就會明白自己究竟想要什麼，進而清楚地**「選擇價值」**。如此他就會產生一個更大的行動力，進而**「承諾行動」**，他的人生就會

「活在當下」，不再固著在原來的觀點中。

在這樣的認知基礎上，他的視野自然就會更為開闊，他對人生中需要面對的事情，會有更多的**接納**。自此，他便與正確的金錢觀產生了連結，變得不再排斥金錢。

我相信，此時你已經明白有錢人和窮人的關鍵區別了。

我們回到之前提到的第一序改變與第二序改變。

從這個角度，讓我們重新回到該學員當年的事件，經過認知解離跳脫出原來的想法，從新的角度及不同的時間、空間，來重新看待這件事，改變原來的觀念，便會引導該學員進入一個新的循環。

這個新的循環，其實就是第二序改變。當我們有了更清晰的價值觀及行動力之後，就會建立起與金錢的正向連結。

為了讓大家更透徹地理解，我再舉一個戀愛中經常會發生的例子來做分析。一旦明白了這個道理，你不只能處理好金錢方面的事情，也能處理好人生各方面的事情，這就是大家經常說的「一理通，百理通」。

假設，有個女生在一場戀愛中被男友「傷害」了，為了避免再次受傷害，她可能會經驗性地迴避該類事件，比如不輕易進入下一段戀愛，或者減少與男人接觸，甚至認為男人都是壞人。一旦有這個想法產生，她就會把這個想法當成事實。

進而，她便會產生一個概念化的自我，認為自己這輩子就是與男人沒緣，或者她會覺得單身挺好，想做一個單身主義者。有了概念化的自我之後，她的價值觀緊接著就會出現混亂，她渴望一段戀愛，但又不敢、也不願意承認，此時她會更加迷茫，不清楚自己到底想要什麼。

為了避免受到來自男人的情感傷害，她選擇一直單身，如此她就更加沒辦法體驗愛情的甜蜜了。又或者她不把焦點放在男人身上，她可能會遠離男性，就算在工作上不得不跟男性有交往，也會與他們保持一個比較遠的距離。

這樣的焦點固化，使她進入了下一個循環，即經驗性地迴避，迴避更多的男人。

這就和我們大多數人對金錢的認知一樣。一個人沒錢，和一個人沒有男朋友或女朋友，在某種程度上來說是一樣的道理：大都是被腦海中的某些觀念侷限住了。

你對金錢的觀念是怎樣的呢？如何讓自己對金錢有更清醒的認知？很簡單，不妨從不同的角度，寫下自己關於錢的種種想法，比如：你對錢是怎麼看的，你對有錢人是怎麼看的，你對賺錢又是怎麼看的……然後問自己一個問題：

・這些想法，能夠幫助我變得更有錢？還是會阻礙我變得有錢？

那些阻礙我們變得有錢的想法，可以被稱作「病毒性觀念」。我們閱讀本書的最大目的，就是把這些有毒的觀念找出來。

然後，不斷地提醒自己去清理這些有毒的想法。

就像你已經發現了危險，那麼你很可能不會再遭遇這些危險了。這些病毒性想法之所以如此天經地義且根深柢固，是因為這些想法曾幫你抵禦過來自外界的危險。但隨著時間的推移，它會給你造成無形的傷害。當你能夠找到它，並對它保持覺察的時候，它對你的傷害就會減少。

【財富行動指南 2】

1 找一本本子和一枝筆，寫下你關於金錢的種種想法。

2 問自己一個問題：這些想法是幫助我變得更有錢？還是阻礙我變得有錢呢？

病毒性想法之所以如此天經地義且根深柢固，是因為幫你抵禦過來自外界的危險。

【掙錢篇】如何掙到第一桶金？

Chapter 3

「掙錢」的常識

從本章開始，我們正式講掙錢，及一些具體的掙錢方法。
我在序言中就提到過，獲取財富大概有三個法門：
第一個是「掙錢」，第二個是「賺錢」，第三個是「值錢」。
我們先從「掙錢」開始講述。

你真的敢「掙錢」嗎？

我們都想獲得足夠的財富。但財富從哪兒來呢？
從非常直白的層面來說，你的錢其實是從別人口袋裡來的——市場上流通的錢的總量，在一段時間內是固定的，你的錢變多了，就意味著一定有人的錢變少了。

這裡就會產生一個問題：

・你把錢從別人的口袋轉移到你的口袋，你真的好意思嗎？

首先，我們做一個小小的試驗，讓你體驗一下掙錢的感覺。

如果你身邊有人，我請你問他：「能不能把你口袋裡的錢放到我的口袋裡？」

如果你真的去做這個實驗，你有什麼感覺？我猜你會很不好意思，覺得這怎麼可能呢？別人怎麼會自願把錢給我？

若此時你身邊沒有別人，那我同樣邀請你給一個足夠信任的朋友打個電話，問他能不能把他的錢借給你一點。此刻，你可以問問自己的內心：

・當你去向別人借錢的時候，是一種什麼感覺？是坦然，還是羞恥？

當你體驗到真實的感覺之後，你就會知道，讓別人把錢從他的口袋放在你的口袋裡，其實是非常難的一件事情。我們在這裡不考慮對方願不願意的問題，我們首先應該關注的是：我們會覺得不好意思。

我記得大概是五年前，我得了牙周炎，非常疼。週末很多醫院的醫生不上班，我實在沒辦法，就找了我的一個做牙醫的學生，她叫羅倩倩。當時我是挺不好意思的，因為我不太習慣以病患的身分出現在學生面前。

當我躺在診療椅上張開嘴巴的時候，羅醫生驚呼起來，說：「哎呀，團長，你缺了三顆牙，怎麼會這樣？」我頓時感覺滿臉發熱，因為我把我的弱點暴露在了學生面前。但是，我也不得不回答她這個問題。

我說：「是啊，小時候父母沒有讓我建立保護牙齒的觀念，所以牙齒從小沒有保護好。」

羅醫生問我：「團長，那你有看過牙醫嗎？」

我說：「我當然看過。」

她說：「如果你看過牙醫還缺了三顆牙，那就不是你的錯了，是你的醫生的錯。」

我很驚訝，因為我所學的心理學知識，讓我知道我們要為自己的所有事情負責，因為自己才是一切的根源。

羅醫生告訴我一個基本常識。她說：「一個人的牙齒變壞，大概會經歷三個階段。第一個階段就是牙齒生出牙菌斑，牙菌斑的出現，表示細菌在侵蝕我們的牙齒。這個階段，牙醫會幫你把牙菌斑去掉。要是你沒有去看牙醫，就會經歷第二個階段，細菌會進入你的牙周、牙髓。你會得牙髓炎、牙周炎，牙醫會幫你做根管治療，幫你補好這顆牙。如果僅僅是止痛了，而沒有去做根管治療，那麼就會進入第三階段：牙齒變脆，只要你咬了一些硬物，你的牙就會碎裂，甚至脫落。在這個階段，牙醫還是可以幫你戴上一個烤瓷牙冠的。」

她接著說：「很明顯，團長，你的牙缺了三顆，就是因為這三個階段都錯過了治療，這是牙醫的責任，因為他沒有建議你繼續治療。現在我再不會放過你，因為我們還有第四種補救的方式：植牙，這樣你的牙齒還是可以為你服務，一直到老都沒問題。」

我問：「那大概要多少錢呢？」

她說：「八萬多一顆。」我一算，要花二十幾萬。

於是我說：「羅醫生，你很會銷售。」

羅醫生講了一句讓我非常震撼的話，她說：「團長，我不認為我這是在銷售，我認為這是一名牙醫的良知和責任。你想想，如果我今天不讓你植牙，你其他的牙齒就會像骨牌一樣，一顆接一顆壞掉，你滿口的牙很快都會沒有的。我不忍心看到我的老師滿口沒牙地給大家講課。所以我一定要幫你植好這幾顆牙，這是我的責任。」

我經常在我的課堂上講起羅醫生的故事，她是我見過最好的牙醫。她的生意非常好，需要預約看牙，經常得排上好幾個星期，甚至好幾個月。

關於「掙錢」的五個常識

為什麼有些人能夠像羅醫生這樣理直氣壯地掙錢，而有些人一提到錢就不好意思呢？在這裡，我想和大家分享五個「掙錢」的常識。

第一個常識

在一定的時間和範圍內，錢是有恆定總量的。

也就是說，你的錢多了，某些人或者某些機構的錢就少了。當然，政府可以投放更多的貨幣，那是總體經濟的事，在這本書裡，我們不做過多討論。

第二個常識

錢是交換的憑證。

你要獲得別人的錢，就必須為別人提供等值或者更大價值的產品或服務。如果你不能給別人提供價值，又想獲得別人的錢，那麼你不是乞丐、騙子，就是強盜。這些危害他人及社會的事情，我們當然是不能去做的。所以，你要掙錢，就必須能為別人提供更大的價值。

羅倩倩醫生之所以能理直氣壯地賺老師的錢，就是因為她知道她能為我提供更大的價值，所以她心安理得。

第三個常識

你能提供的價值不僅僅是有形的價值，還包括無形的價值。

大多數人只會狹隘地看到物質的價值，比如手頭有哪些東西可以變賣成錢，或者自己可以做出什麼東西賣錢，而看不到無形的價值。

第四個常識

一個商品的價值，等於生產此商品的勞動成本，加上生產者所要賺取的剩餘價值。

這個理論指的是商品，是狹義上的解釋。從廣義經濟學來看，凡是有需求的東西都是有價值的，需求越大和越稀少的東西，其價值就越大。

第五個常識

滿足別人的需求，即可擁有價值。

人本心理學大師馬斯洛提出了著名的「需求層次的心理模型」，即把人的需求從低級到高級分為生理需求、安全需求、社交需求、尊重需求和自我實現需求。

實際上，這五項需求都隱含了價值，也就是說，如果你能滿足別人的某個需求，你就能掙錢。

對於人們的生理需求，我們可以給別人提供食物、衣服、生活用品等。

安全需求，指的是我們需要有一個能讓自己覺得安全的生活空間，這就催生了很多行業，比如房地產、保險，還有保全業。

我們大多數人現在比較關注的社交需求，這方面的工具有臉書、LINE、YouTube、微博、微信、抖音等。這些社交工具在當今這個越趨「原子化」的社會中，起著重要的彌合作用。

那麼，尊重需求該如何實現價值呢？

我們都知道，吃「海底撈」的火鍋常常要排長龍。為什麼這麼多人願意排隊？是因為大家都被其獨特的服務所吸引，這種服務帶來的精神滿足便是價值的直接體現。

在企業管理中，老闆只有讓員工感到被尊重，員工才會奮力工作，才能為企業創造更大的價值。

最高層次的價值是自我實現價值。自我實現價值，可以從個體的理想與抱負層面好好去理解——所有人都有自己的理想或抱負，當我們滿足了前四個需求之後，就會自然地努力去實現自我價值。

掙錢，就是「提供價值」的過程

掙錢的過程，其實就是一個「價值交換」的過程。那麼，我們該怎樣為別人提供價值呢？

首先，你可以掌握一技之長，擁有某種能力，特別是某種少見的能力。你擁有的能力越強，你能提供的價值就會越大，換取財富的機會便越多。

其次，關注那些能夠滿足人們更高層次需求的學科，比如心理學。任何商業模式都離不開人的心理，如果你能懂得人的心理，你便更能滿足別人的需求。

為了能夠以自己的價值去換取更多的財富，我們應該思考以下這些問題：

- **我可以為別人提供什麼價值？**
- **我準備怎麼來提供這些價值？**
- **如果暫時還沒有這方面的能力，要如何準備和學習？學習什麼東西？**

只有當你擁有了一定的能力並能夠提供價值之後，你才可能獲取更多的金錢。如果你還沒想到自己可以為別人提供什麼價值，在這裡，我可以告訴你一個小祕訣：

- **讓身邊的人因為你而生活得更好，這就是你最大的價值。**

如果你想獲得更多的金錢，可以先從這一點做起。

假如身邊的人都討厭你，你又怎麼能指望那些素不相識的人願意給你錢呢？

【財富行動指南3】

1 檢視一下自己可以為別人提供的價值，問問自己準備怎麼提供這些價值。

2 如果你暫時還沒有這方面的能力，那你要問自己：如何準備？如何學習？學習什麼東西？

掙錢的過程，其實就是一個「價值交換」的過程。

Chapter 4

競爭的法門

怎麼與別人「爭」錢？

如何與別人競爭？

一、「能力」比薪資重要

金錢的總量，在一定的單位時間和範疇內大致是恆定的。你的錢多了，就表示別人的錢少了。那麼，你憑什麼比別人的錢多呢？這裡便會引入一個「爭」的概念。如果現在的你是一個沒錢的人，你必須先從「爭」開始。

在從事心理學行業之前，我做的是證券業。那時候，中國人對證券、期貨等還很陌生，我也是在非常偶然的情況下進入這個行業的。彼時，我對證券一無所知，之所以會進入這一行，純粹是為了謀生，談不上興趣。但我和其他人不一樣的地方是，我的焦點並不在薪資上——老闆給我多少錢，我能賺多少錢，這些都不在我的計較範圍內。

在這份工作中，我最關心的是弄懂期貨行業的一些專業知識，我的大多數時間都花在對這份工作的瞭解和能力的提升上。當我把整個行業的基本情況搞清楚之後，老闆要發展一項新業務的時候，他第一時間就想到了我，因為我是最懂期貨業務的員工。當他拓展一個新市場的時候，我就成了他的合夥人。就這樣，我很快便從一個職員成了公司的股東。

二、「合作」比個人能力更重要

一九九七年，因為一個偶然的機會，我上了一門課程，從此喜歡上了心理學。因為喜歡，我離開熟悉的城市，來到廣州，從一名普通職員做起。我用了不到半年的時間，就做到了公司百分之七十的業績。當時的我在廣州沒有人脈，對心理學也幾乎是一無所知，在這麼短的時間裡，我是怎麼做到的呢？

幸運的是，我知道如何「與人合作」。

當時，我們在推一位香港老師的課程，我需要找到客戶資源。我有在某個組織工作的經歷，知道這是一個非常龐大的組織，所以當時我第一個想到的合作夥伴就是它。

於是，我找了該組織各地市級的機構，一間間與他們談合作。合作的模式就是，該組織在當地舉辦一場大型的演講，我負責找演講的老師、策劃宣傳，而這個組織負責賣票。

當時，廣東省大部分一級城市的機構都和我們合作過。他們為什麼願意與我們合作？很簡單，因為演講門票的大部分收益都讓給了他們。當時一場演講多則一千人，少則五、六百人，光門票就有可觀的收入。所以單就掙錢來說，我們公司其實是有點虧本的。

可是，透過老師一天的演講，我們獲得了一大批客戶資源，他們有可能會因為這場演講而購買我們公司的課程，那後續課程的收入就會非常可觀了。

如何與人競爭？能力比薪資重要，合作比個人能力重要。

如果你和別人爭奪同一項利益，一定會兩敗俱傷，因為誰都想要。但如果別人要的，你給他；別人讓出去的，你拿過來，這不就很輕鬆了嗎？

我們不要計較一時的得失，要把眼光放長遠，這樣在和別人的競爭中，你才能展現「後發優勢」。

延遲滿足感，延長財富生命力

也許你會問，別人要的我都給了他，那我還剩下什麼呢？

在談判中，我們經常會提到一個詞——「雙贏」。

那麼，如何才能做到雙贏呢？

一、能看見隱藏的利益

一九二八年，美國經濟學家歐文・費雪（Irving Fisher）提出了「貨幣幻覺」概念，這是指人們只會對貨幣的名義價值做出反應，而忽視其實際購買力變化的一種心理錯覺。

什麼意思呢？就是一般人只能看到表面的利益，而那些隱藏的利益經常被忽略掉。

在談判中，雙方爭奪的無非是利益。但一般人不知道利益其實有很多種，比如有短期利益和長期利益，有形利益和無形利益，心理利益和物質利益。

・**有形價值：**指那些看得見的價值，比如薪資、獎金、商品等。

・**無形價值：**指那些看不見、摸不著，不容易用數字核算的價值，比如能力、信譽、客戶資源、人脈關係等。

- **短期利益：**指那些馬上就能到手的利益。
- **長期利益：**指那些需要等待一段時間，或者還需要進一步加工才能產生的利益。

一般人的目光都是狹隘的，他們會把焦點放在短期利益、有形利益與心理利益上。只要你願意把這些利益讓給別人，別人一定會將長期利益、無形利益和物質利益讓給你，這就是所謂的「雙贏」。如此，讓別人贏得他們想要的部分，你才能得到你想得到的部分。

當初進入證券業的時候，如果我跟其他同事一樣眼睛只盯著薪資和職位，我憑什麼和別人爭呢？我是一個剛入行的人，所以我不會去跟別人爭錢，而是把錢多的工作讓給別人。我更看重的是更多的學習機會，可以快速提升自己的技能——當我不「爭名奪利」的時候，基本上就沒有對手了。

明白了這個道理之後，我想**請你花時間思考一下你現在與別人的合作方式：**

・你跟人爭的，是不是同樣的東西？

如果是，你就很難贏得這場比賽。試著放棄那些別人想要的東西，看看是否還有別人不要，卻對你有用的東西。

如果你是一位職場人士，老闆和你的競爭者看重的若是薪資，那麼你可以把焦點從薪資轉移到成長上，那你基本上就沒有什麼競爭對手了。

如果你是一名經營者，你就是一個賺錢層面上的人，只要你願意把短期利益、有形利益和心理利益讓渡出去，對你而言，在今後的合作中就會變得越來越有利。

愛因斯坦曾經說過：「人類的困境，源於人們往往在製造問題的層面解決問題。」假使你只停留在一個層面上思考問題，就不可能贏得這場競爭。反之，只有在一般人到達不了的層面思考問題，你的境界才更高，才能在「掙錢」這件事上有所成就。

將視角聚焦在無形利益和長期利益上，並不是一件容易的事情，因為眼睛只能看見眼前的有形物品，理性思維才會去考慮長遠的利益。

二、有延遲滿足的能力

同時，你還需要擁有延遲滿足的能力。

一九六〇年代，美國史丹佛大學心理學教授沃爾特・米歇爾（Walter Mischel）設計了一個著名的關於「延遲滿足」的實驗，這個實驗是在史丹佛大學校園裡的一間幼兒園進行的。研究人員找來數十名兒童，讓他們每個人單獨待在一個只有一張桌子和一張椅子的小房間裡，桌子上的托盤裡有這些兒童愛吃的東西——棉花糖。

研究人員告訴他們可以馬上吃掉棉花糖，也可以等研究人員回來時再吃。不過那些能等待的人，最後可以額外得到兩顆棉花糖的獎勵。對這些孩子來說，實驗的過程頗為難熬。實驗結果，大多數孩子堅持不到三分鐘就放棄了，大約有三分之一的孩子成功延遲了自己對棉花糖的欲望，他們等研究人員回來兌現獎勵，差不多等了十五分鐘。

後來的追蹤紀錄發現，那些可以等十五分鐘再吃棉花糖的孩子，比馬上吃棉花糖孩子的成績平均高出二百一十分。實驗並未就此結束，米歇爾和其他研究人員繼續對當年的實驗參加者進行研究，直到他們三十五歲以後。

研究表明，當年不能等待的人，成年後有更高的體重指數，並更容易對毒品上癮；而那些懂得延遲滿足的孩子則取得了更大的成就。

三、如何擁有這兩種能力？

因此，要想在競爭中取勝，你不僅需要有卓越的見識，還要具備一定的「延遲滿足能力」。如何才能具備這兩種能力呢？其實也不難，可以從以下四點做起：

1清晰的目標：研究發現，「有目標的人」比沒有目標的人更容易放棄眼前的利益。

2多角度視野：智慧源於多角度視野，狹隘的人只會從自己的角度思考問題，而智者通常都是全方位思考問題。

3興趣、愛好廣泛：米歇爾發現，那些能等待十五分鐘的孩子，更懂得把注意力分散到別的事情上；而那些沒法抵禦誘惑的孩子，他們的注意力全都集中在食物上。所以，當你有不同的愛好時，你就可以抵擋當下的某些誘惑。

4 精力充沛：延遲滿足能力和我們之前講到的自律能力非常相似。自律能力與一個人的內在能量相關，一個精力充沛的人往往更有能力抵抗誘惑。

把對方放在「對」的位置

凡是提到與人競爭，一般都會涉及兩個行為，或是一種行為的兩個表達方式：「銷售」和「談判」。

那麼，我們如何才能在談判中獲勝呢？

倒車的故事

首先，我想分享一個溝通專家的故事。道格拉斯・史東（Douglas Stone）是我非常喜歡的一位溝通專家，他在自己的著作《再也沒有難談的事》（*Difficult Conversations: How to Discuss What Matters Most*）中，分享過自己的一段親身經歷：

他在上班途中發現道路被堵住了。那是一條單行道，一輛計程車與一輛私家轎車互不相讓，把

路堵得嚴嚴實實的。

於是，道格拉斯下了車。他敲了敲計程車的車窗，說：「司機大哥，我看你們兩人中，只有你是專業的，這麼窄的一條路，沒點技術可倒不出去。應該只有你能倒車，他肯定是倒不了的。能麻煩你倒一下車嗎？」

計程車司機看了道格拉斯一眼，點點頭，說：「好吧，誰教我技術好呢。」他馬上把車倒了出去，於是，道路立即變得通暢起來。

如果道格拉斯一開口是說：「你也是老司機了，怎麼就不懂得退讓一下？」那事情會如何發展呢？脾氣好的司機很可能會說：「我就不讓，你能怎樣！」脾氣不好的司機很可能直接就對其惡言相向了。

為什麼道格拉斯只用幾句話就解決了問題呢？

首先，他並沒有評斷對錯，而是暗地裡巧妙地把對方當成一個技術更好的人。他拋出了這樣一個假設：技術好的人才會讓步。計程車司機很樂意接受這個假設，所以他讓步了。

我非常佩服道格拉斯，因為他掌握了談判的核心原理，就是當我們想要讓一個人改變的時候，我們必須要把這個人放在「對」的位置，這樣他才願意做得更好。

每個人都有自己的心理需求，我們需要被尊重、被肯定、被讚美、被欣賞。簡單來說，人們總想要證明自己是對的，**這裡的「對」，就是一個人的心理需求。**我們要跟人合作，最好能把對方放在這個「對」的位置上，這就是心理利益。當你滿足了對方的心理利益，對方才有可能讓你獲得物質利益。

這個方法看起來很簡單，卻不容易做到，因為每個人都想證明自己是對的，你也不例外。所以，把別人放在對的位置的前提是：你不需要證明自己。

為什麼我們需要證明自己？

可是，人們為什麼總要花時間去證明自己呢？有些人因為一點小誤會，就覺得委屈、無助。有些人因為別人說話的語氣重一點，就覺得自己受到了侮辱。有些人因為別人矯正了自己的某個錯誤，就精神崩潰，彷彿天塌了下來……於是，他們就拚命地去證明自己，彷彿不這樣做，自己就會被人看不起，沒有價值。

然而，佛陀不需要證明自己的智慧，比爾·蓋茲不需要證明自己有錢，姚明也不需要證明自己「高人一等」……

也就是說，一個人內在確信自己擁有某些東西時，就不需要證明。那些需要證明的，都是些不太確定的東西。

一個人總是需要證明自己是對的，這通常是自我價值感低的表現。

「自我價值」是心理學中的一個名詞，顧名思義，這是一種主觀的、源於自己內心的感覺和自我評價，是自己對自己價值的主觀評判。

如果你對自己的價值有確定的認知，就不會在乎對與錯。對於別人的誤會、糾錯，甚至批評，你會虛心地接受有價值的部分。對那些有意或無意的冒犯、攻擊，你會一笑置之，因為你的價值並不取決於別人的評價。只有這樣，你才有能力在競爭中保持愉快的心情。

所以，我們若想在談判中取勝，就需要把別人放在「對」的位置上。要做到這一點，需要有高度認可的自我價值。

如何提升自我價值？

既然自我價值如此重要，那我們如何才能提升自我價值呢？

1多肯定自己：自我價值是一種對自我的主觀評判，既然是主觀的，當然可以主觀地改變它。例如，每天睡前寫下三件當天值得肯定的事情，對提升自我價值非常有幫助。

2療癒過往的創傷：一個人之所以會給自己比較低的評價，通常源於童年時，重要的人對待自己的方式。比如，小時候父母給的批評，會內化為自己對自己的評價。要去掉或者改變這些負面評價，最好的方式就是找心理師做諮商，在諮商中療癒童年創傷，或者透過一些療癒性的課程提升自我價值。

3遠離負能量，多靠近正能量：人與人是相互影響的，正所謂「近朱者赤，近墨者黑」，多與那些自我價值高的人在一起，他們會像發光體一樣溫暖你。而那些自我價值低的人會像黑洞一樣「吸走」你的能量，讓你的自我價值越來越低。

【財富行動指南4】

1 請你用一週的時間想想你與他人的合作方式。你跟人爭的是不是同樣的東西？

2 根據雙贏原理，想想：如何才能讓你的合作夥伴獲益？

3 試著把身邊的人都放在「對」的位置上，與他們交流。

把眼光放得長遠，在和別人的競爭中，你才能展現「後發優勢」，後來居上。

Chapter 5

絕對優勢：用更少的時間，掙更多的錢

在上一章中，我們講了如何去跟別人「爭」錢。只要我們願意把短期的、有限的利益讓渡給別人，就能爭取到一些長期的或無形的利益。

那麼，同樣是「爭」，我們怎樣才能夠爭到更多的錢呢？

為什麼工作時間差不多，但有些人的收益卻是我們的幾倍、幾十倍，甚至許多倍呢？

為什麼別人可以掙得比你多？

一般來說，學者大都沒什麼錢，過著較為清貧的生活。但我認識的一位科班出身的知名心理作家卻賺取了非常多的財富。

也許有人會說，從事心理工作的人那麼多，其中肯定會有一些佼佼者。其實，這位老師也面臨過「金錢恐懼」。他在自己的作品中曾提到過，他有一張金融卡，戶頭裡面存著出書、辦講座和開辦心理課程賺到的錢。但如此重要的一張卡，他竟然常常忘在自動櫃員機裡。

幾次意外之後，他總結說，自己每次忘記取卡的時間點，往往是在收入上有了意外驚喜的時候，如報社發了超出預期的獎金、收到了幾本書的版稅等。每當有意外驚喜時，他都會有些慌張和不適應，內心深處竟然產生了不想要這些錢的念頭，所以想讓它們「損失掉」。

這種狀態，在心理學上叫做「不配得感」，我們在後面會詳細論述。如果這種觀念不改變，他也不可能擁有今天的財富。

當然，無論是在工作還是生活中，他都是一個有著超常感知能力的人，他不僅可以療癒別人，也可以療癒自己。連他這樣的心理學家都會有金錢方面的困惑，更何況普通人呢！

看完這個故事，我想問大家一個問題：

．為什麼有些人掙的錢是我們的好幾倍，甚至好幾萬倍呢？

所謂「時勢造英雄」，每隔幾年，我們就會發現，某某領域冒出不少「財富新貴」。且不說像阿里巴巴這樣的大企業，微信公眾號紅了，很多網紅賺得口袋滿滿，直播紅了，有的直播主甚至購買了上億元的豪宅……

如此，我們便能夠知道，「名氣」雖然不是賺錢的必要選項，卻可以成為一個人突出重圍的利器。

掙錢的祕密一：「絕對優勢」越大，掙的錢就越多

「壹心理」ＡＰＰ是在二〇一一年上線的。上線幾年後，我們開始進行第一輪融資。當時，我們需要找一家財務公司做審計，然後出一份第三方的財務評估，這樣風險資本才能投資我們。但做這份審計要花上百萬，著實把我嚇了一跳。

我經營公司已經二十多年了，每年也會邀請第三方機構幫我們公司做審計，每一年的審計費也就萬把塊的事情。而當時，「壹心理」還沒有多少業務，每年營收也才百萬多。

為什麼做一份財務評估居然要花上百萬呢？因為它能為我們提供更大的價值，也就是說，只要這份審計報告一下來，「壹心理」就能夠獲得一筆幾千萬的投資。專門做審計的公司，能幫被審計的公司獲得更多的投資，當然要收取更多的服務費了。而相形之下，一家普通的財務公司幫另一家普通公司做審計，僅僅是做稅務年審而已，無法帶來更多的收益，所以其收費很低。

這個真實例子就帶出了掙更多錢的第一種方式：**提供更大價值的勞動。**

這種勞動並不是一般人能夠完成的，而是需要具備很強的專業技能。這種技能超越了絕大多數人，所以叫「絕對優勢」。

絕對優勢亦稱「絕對利益」，原指在某一商品的生產上，一國所耗費的勞動成本絕對低於另一國。這個理論最早是由古典經濟學家亞當・斯密（Adam Smith）在「絕對優勢」理論中提出的。後來，這個概念泛指在競爭中擁有超出競爭對手很多的優勢。

你為別人提供的價值越大，你掙的錢就越多。

當然，擁有絕對優勢的人永遠都是少數，但這些人卻能為世界做出巨大貢獻。這樣的人才，無論是對於國家、百姓，還是對於國際社會的穩定，都擁有著無可替代的巨大價值，堪稱「國寶」。

掙錢的祕密二：為「高價值人群」提供服務

那麼，我們普通人是不是就無法像偉大的科學家、企業家一樣，為別人提供巨大的價值，以獲取更多的財富呢？其實不是這樣的。

一般的心理諮商費用大概是一小時兩千元，但有個朋友告訴我，他認識的一位心理師一個下午就可以有三十萬元收入。

為什麼同樣是做諮商，他一個下午能夠有三十萬元的收入呢？原因是他為演藝明星做諮商。他的案主大都是明星，為明星解決一些心理上的困擾。這種形式的心理諮商收費之高，讓我大開眼界。

這個故事帶出了掙更多錢的第二種方式：**當你為一些高價值人群提供價值的時候，你也會獲得更多的金錢。**

你可能會疑惑，作為一個普通人，怎樣獲得為高價值的人服務的機會呢？這裡，我想說一個理髮師的故事。

我曾在廣州市天河區上班，辦公室樓下有一家理髮店，我經常在那裡剪髮，剪一次髮大概是幾百元。後來，幫我剪髮的那位理髮師跳槽到了天河北的一家髮廊，出於對他理髮技術的認可，即便天河北停車不方便，我還是喜歡找他剪髮。但結帳時，嚇了我一跳，同一個髮型師原來收幾百元，可是在這家新店卻要收上千元，幾乎是原來的五倍！

為什麼收費一下子翻了好幾倍呢？是髮型師的理髮技術提升了嗎？答案是否定的。是因為店的位置不同了，裝修標準也不一樣，最大的不同應該是顧客的消費層次不一樣。當所有的成本累積到一起，就提高了價格，也讓理髮師能夠服務到更有消費能力的顧客。

所以，當你無法擁有絕對優勢的時候，你可以採取迂迴的方式，讓自己服務高價值客戶。

掙錢的祕密三：為「更多人」服務

如果你無法為明星、企業家這樣的高價值人群提供服務，那身為普通人的你，是不是就沒有希望賺錢了呢？

不是，我們還有一個途徑，就是**當你無法提供更大價值，也無法為高價值的人提供價值的時候，你可以為「更多的普通人」提供服務。**

例如，我認識一位一年能夠淨賺好幾百萬元的女孩。起初，她是透過通訊群組為網友免費提供情感諮商服務的。後來，她發現這一類的需求市場很大，就嘗試收少量的錢，從四十九塊到九十九塊，然後到九百九十九元，再到一千六百元、兩千四百元，慢慢到今天的七千九百九十九元。

當她的情感諮商群組越來越受歡迎的時候，一個群組就變成了八個群組。這時候，她講一次課就能服務接近四千人。每個人每年繳納七千九百九十九元的服務費，她就賺到了好幾百萬元的淨利。

藉這個故事，我想各位讀者已經明白第三種掙更多錢的方法了。

如果你沒有「絕對優勢」，無法提供一些高價值的服務，也無法為一些高價值的人群提供服務，你就可以為更多的普通人提供一些低價值的服務。當你能夠服務到更多人的時候，你一樣可以獲得更多的收益。

「掙錢」的三大方法

綜上所述，在「掙錢」這件事上，可以歸納出以下的公式：「掙錢總量＝產品（服務）價值×顧客價值×顧客數量」。

所以，要想掙到更多的錢，大致有以下幾個途徑：

第一，努力學習，提升自己的能力，成為「絕對優勢」高的人

如果你無法擁有「絕對優勢」，至少可以擁有「比較優勢」。

第二，尋找一些特定的客戶群體

我們可以選擇一些高價值人群作為服務對象，就像我們前面講到的一些例子。當然，「物以類聚，人以群分」，如果你要為高價值人群服務，你自己也必須要成為高價值人才。

第三，拓展客戶的數量

當你無法做到上面兩點的時候，就要做最後這一點了，就是把你的服務範圍無限地擴大。這種方法恰恰因為網路技術的發展變得較為簡單——只要你服務的人足夠多，你就可以獲得更多的收入。

【財富行動指南5】

1 檢視一下自己的「絕對優勢」，看看自己可以為別人提供的價值有哪些，如何才能提升自己的「絕對優勢」。

2 看看你現有的客戶資源，是低價值人群，還是高價值人群。思考一下如何才能為高價值人群提供價值。

3 看看你所提供的產品和服務，是否可以透過多種方式擴大到更多群體。

只有把時間和精力用在那些有「比較優勢」的事情上，才能讓有限的時間發揮出更大的價值。

Chapter 6

發揮「比較優勢」：把時間變成金錢

在上一章中，我們學習了如何利用絕對優勢掙錢。
但如果你現階段還沒辦法具備絕對優勢，該怎麼辦呢？
你可以從利用「比較優勢」做起。比較優勢（Comparative Advantage，也稱為「比較利益」）是經濟學中的一個概念，如果你懂得利用自己的比較優勢，同樣也可以掙到更多的錢。

如何比別人更有競爭力？

我們都知道，美國的科技領先於其他國家，美國在科技領域擁有絕對優勢。

富士康是中國的一家大企業，美國有很多產品都是由其代工生產的，比如蘋果手機、蘋果電腦、iPad等。美國的企業之所以把工廠設在中國，主要是因為在中國的生產成本比較低，這是中國勞動力與美國勞動力對比產生的優勢，即「比較優勢」。

所謂「比較優勢」，就是指生產者以低於其他生產者的成本來生產某種商品的行為。

如果一家企業在本國生產一種產品的成本低於其他國家，這個國家在生產該產品上就擁有比較優勢。也可以說，當某一個生產者以更低的成本生產產品時，我們就稱這個生產者在這種產品或服務上，具有比較優勢。

在生產經營活動中，企業必須要招募員工，不同國家、不同地區的薪資及附加成本，都是不同的。身為管理者，肯定會在綜合考慮成本之後，選擇最具性價比（性能與價格的比值，即CP值）的地區設工廠、招募員工，這樣才能在價格相同的情況下，獲得比較優勢。

「尺有所短，寸有所長」，像國家一樣，人也有各自所擅長的領域。如果你願意以更低的價格、提供同樣的產品或服務，在競爭中，你就能夠擁有較大的比較優勢，因此，你會比別人更具競爭力。

把時間花在「比較優勢大」的事情上

比較優勢與掙錢有什麼關係呢？

以前，我和我太太經常會為做家事而發生爭執。我是一個不太願意做家事的人，我希望請人來家裡打掃。但我太太希望大家一起分擔家務。可是如果把時間都花在打掃上，我就沒有時間去讀書、思考問題、經營公司或是做別的事情了。

經過多次協商，我終於說服了太太請家政服務，這樣我的可支配時間就能夠大幅增加。

有很多朋友經常問我：為什麼會有那麼多的時間做事情？

我的一個祕訣就是：**盡量把一些自己沒有比較優勢的工作外包出去，讓有比較優勢的人來完成這些工作，這樣，你就有更多的時間去做自己有比較優勢的事情。**

我來為大家計算一下：請一個居家清潔人員來你家打掃，每小時平均要支付四百元成本。

如果你是一名諮商心理師，每小時的收費大概平均兩千元。也就是說，如果你自己去做這些家事，表面上省了四百元，實際來說你是虧了一千六百元——在打掃這件事情上，你沒有比較優勢。當然，如果你喜歡自己做家務，那就另當別論了。

只有把時間和精力用在那些有「比較優勢」的事情上，才能讓有限的時間發揮出更大的價值。如果你按照這樣的方式來看待時間和工作，你才有可能提升自己的絕對優勢，讓自己掙到更多錢。

專業的事情，交給專業的人去做

在生活中，我們有很多要投入時間的地方。比如我現在既要經營公司，又要講課，同時還要寫書。我沒有三頭六臂，我的時間也只有一天二十四個小時，那我該如何讓自己承擔起這三個角色的工作呢？

最核心的一個原則就是：把專業的事情交給專業的人去做。

比如說理財，如果我認真去學習的話，我相信自己也能成為一個理財專家。但是如果我親自去學習理財，我的時間就都花在了理財方面。但我堅信專業的事情要交給專業的人，於是我把我的錢都交給經紀人來打理。因為他把前半生的時間都花在理財上面，有著非常豐富的理財知識，我相信他能夠管理好我的資產。

而節省下來的時間，我就去做有比較優勢的工作。例如，我投入更多的時間研究心理學，擴大自己在心理學領域的絕對優勢。

再舉一個例子，身為一名導師，我經常要上台講課，所以會買很多不同的衣服，否則學員會覺得我在著裝方面太隨意了。如果這些衣服都由我自己去購買，一來我不懂如何選擇好看的衣服，二來這需要花很多時間去找適合我的衣服。所以，在買衣服這件事上，我是沒有比較優勢的。於是，我花錢請了一位專業的服裝顧問，這樣我就可以省下買衣服的時間，將其用到更有價值的事情上。從另外一個角度來看，這樣花錢其實也是在賺錢。

所謂的比較優勢，就是把那些你沒有絕對優勢的事情，交給有絕對優勢的人去做，你可以藉此騰出時間去鑽研，去提升你所在領域的絕對優勢。這樣，你才有機會去為別人提供高價值的產品，或者你才有時間去結交那些高價值的人，為他們提供服務。

比較優勢的一個核心理念，就是把專業的事情交給專業的人做，不要什麼事情都親力親為。當你什麼事情都自己做，你可能會淪為一個平庸的人。

發掘你的「比較優勢」

我相信，你已經能夠通透地理解這些概念了。那麼，現在是時候發掘你的比較優勢了。

在這裡，我有以下三點建議：

一、把過去一個月的時間安排列出來，看看你的時間是怎麼分配的

你花了多少時間去讀書，花了多少時間睡覺，花了多少時間做家務，花了多少時間做某項工作。

二、看看哪些工作是可以外包出去的

把可以外包的工作讓給有比較優勢的人去做。

三、善加運用騰出來的時間

把騰出來的時間，用來學習和做一些有價值的事情。

普通人用時間換錢，富人用錢換時間。當然，我們也不能成為工作機器。除了工作和賺錢之外，我們還要學會享受生活。有些生活時間是不能被占用或剝奪的，比如，與你的伴侶享受高品質的生活時光，陪伴孩子成長、旅遊，或者聽音樂的時間。

你可以考慮把做家務，或者一些不得不做的事情從你的人生中剝離，把它們交給專業人士去做。如果你真的願意這樣做，你的人生也許從這一刻就開始發生改變了。

也許這個方法無法讓你在一夜之間變成有錢人，因為絕對優勢是累積而來的。如果你把時間都花在那些比較優勢小的事情上，你就沒有時間去打造自己的絕對優勢了。這樣，你一輩子都會成為低價值的提供者，永遠都會為錢所困。

如果你能意識到這一點，從今天開始，把一些比較優勢不大的事情交給別人，將專業的事情交給專業的人去做，把時間用在提高比較優勢的事情上，假以時日，你也能夠成為一個絕對優勢很大的人。這樣，錢還是個問題嗎？

【財富行動指南6】

1 回顧過去的一個月，並以表格把過去一個月的時間分別列出來，看看你的時間是如何被浪費的。

2 試著挑出能夠外包的工作，讓那些有「比較優勢」的人去完成。

3 根據「比較優勢」原則，為未來一個月做一個時間表，並試著按新時間表做事，然後留意你的錢是怎樣累積起來的。

不要什麼事情都親力親為。當你什麼事都自己做，你可能會淪為一個平庸的人。

Chapter 7

擺脫沉沒成本，告別「低效努力」

對於「絕對優勢」和「比較優勢」，有些人就算明白了，卻依然不會改變。

為什麼呢？因為沒有「行動」。

如果沒有行動，那所有的理論都將是鏡花水月。若你成了頭腦的奴隸，無法將想法化為現實，即使財富擺在你面前，也不是你的。

為什麼有些人不付諸行動呢？要講清楚這個問題，我們需要明白兩個經濟學的概念：

一是「機會成本」，一是「沉沒成本」。

「機會成本」的奧祕：世上沒有完美的選擇

我曾經為一位女士做心理諮商。在別人眼中，她過著無比幸福的生活：她的父母是當地的大人物，她自己也是一名公務員，堪稱才貌雙全。她丈夫在銀行工作，各方面條件也非常好，兒子聰明伶俐。照理說，生活如此幸福，她本該沒有心理問題才對。

可是，她跟我說，她內心一直有兩個自己在打架——一個善良的自己，一個邪惡的自己，那個邪惡的自己總想摧毀現在的一切。

我帶著好奇去探索她的潛意識，才知道她今天的一切都是父母安排的：她讀什麼學校、考什麼科系、進什麼機構工作、嫁什麼人、孩子去什麼學校讀書等等，都是她的父母一手安排好的。她的人生看似在一條最優的道路上前行，但她告訴我，她過得一點都不開心，所以才會想摧毀一切，讓自己重新來過。

重新來過，就會過得開心嗎？不一定，雖然自己選擇了自己的路，你會獲得成功的喜悅，但也可能是失敗的苦澀。**只有酸甜交織的經歷，才能讓人不斷成長，不斷看清自己是什麼樣的人。**

我想藉這個個案告訴大家，我們的人生中沒有最好的路。

每到畢業季，我的很多學員都非常關心自己的孩子，總會問我這些類似的問題：

「團長，我的孩子今年高中畢業了，你覺得他考什麼系比較好呢？」

「團長，我的兒子／女兒今年大學畢業了，你覺得他／她是留在我們老家好，還是去大都市好呢？」

每當面對這樣的問題時，我都會笑著回答：「把孩子的生命還給他們好不好？我們不要用愛剝奪別人生命的選擇。」

很多人都覺得孩子不懂事，他們一旦選錯了怎麼辦，那可就是一輩子的事情。我會笑一笑，對他說：「沒那麼嚴重，這個世界沒有白走的路，也沒有所謂的彎路，有些彎路可能比直路走得更快。」

不管你做任何選擇，其實你都會失去其他選擇，你不可能擁有百分之百完美的選擇。這就是我想分享的第一個經濟學概念，叫做「機會成本」。

一個人在做決策的時候，當你選擇了其中一個選項，你就要放棄其他選項，而在那些被捨棄的選項中，價值最高、最優的那個選項，就是這次決策的「機會成本」。

比如，你選擇了一棵大樹，就得放棄整座森林。並不是整座森林的價值是你的機會成本，而是當你選擇了一棵大樹，在整座森林中，剩下的最高大、最有價值的那棵樹才是你的機會成本。因為你不可能選擇整片森林，在剩下的生命裡，你也只能選擇成為其中的一棵樹。

很多人沒辦法做出人生的選擇，是因為他們總覺得萬一選錯了，損失會很大。但事實是，那些「很大的損失」往往只是你假想出來的。

我的人生也經歷過許多次這樣的選擇。

高中時，我非常喜歡研究無線電，所以考大學時，我希望讀無線電相關科系，打算在畢業後，開一家無線電維修店。

對於鄉下的孩子來說，能有自己的一家小店已經是很大的成就了。可是陰差陽錯，當年我的考試分數達不到無線電科系的要求，最後只能讀管理學。管理學看起來不是我的最優選擇，可是我並沒有後悔，因為我現在非常享受經營企業的樂趣。

當然，**不是這一個選擇就決定了我的未來，中間無數個選擇的疊加，才成就了今天的我。**

大學畢業後，我被分配到一家國營機構做管理工作。可是，幾年之後，我就決定下海從商了。當時，我的親朋好友都覺得我瘋了。如此艱難才進入城市，並擁有了一個「鐵飯碗」，為什麼要放棄呢？但是，我頂住了各方面的壓力，堅持下海。

大概十年後，很多企業都慢慢地走向破產重組，許多人也相繼失業。我比他們至少早十年下海從商，擁有更多的選擇機會。十年後，當他們被動下海時，環境已經發生了巨大的變化，機會也少了很多。

所以，**一次的選擇錯誤沒關係，因為人生就是一次又一次選擇的結果疊加。你可以做出很**

多選擇，但遺憾的是很多人不敢再做人生的第二次、第三次的選擇，因為你會有一個觀念，一旦你做了一個選擇，就要像婚姻一樣從一而終。

工作和事業的選擇，往往帶來的是讓我們更快邁向新生活的機遇，也是創造財富的契機。當你認為第一次選擇的工作不具備長期努力的價值時，你就應該嘗試換跑道了。儘管每一次轉換跑道都不一定令你成功逆襲，也不能保證是完美的選擇，但只要你還有選擇，就必然會有新的機會到來。

「沉沒成本」的奧祕：別讓過去拖垮你的未來

重新選擇很重要，然而，為什麼大多數人不敢重新選擇呢？

要回答這個問題，我們先瞭解一下「沉沒成本」這個經濟學概念：

沉沒成本，是指一個人在做一件事所投入的成本，這些成本是以往產生的，與當前決策無關。從財務角度來看，沉沒成本不是成本，它只是過去已經投入的費用、時間與資源。但從心理學角度來看，這些過去投入的成本，常常會干擾一個人當下的決策。

舉個例子來說，如果下雨天，你準備下班回家，坐公車需要十五元，而搭計程車大概要兩百多元。大多數人平常都會選擇坐公車回家。可是，由於下雨，你等了半個小時，公車依舊沒來。這個時候，你會這樣考慮：是搭計程車還是坐公車呢？如果現在叫車的話，那之前等車的半個小時不是白費了嗎？

等了半個小時之後再叫計程車，成本就變高了——「等待的那三十分鐘時間」就是沉沒的時間成本。**人們往往會被過去所投入的時間和精力干擾，這就是沉沒成本干擾當下決策的一個重要原因。**

這種現象在戀愛裡最常見。隨著戀愛的時間越來越長，你決定分手的難度就會越來越大。因為很多人會覺得兩個人如果現在分手，那過去投入的感情、金錢和時間，不就白白浪費了嗎？因為不想放棄過去所投入的沉沒成本，最後硬著頭皮選擇一個並不是真愛的人結婚——這個損失將是一輩子的。

當然，沉沒成本在掙錢方面也很常見。比如，有很多人在大學選科系的時候，其實是懵懵懂懂的，自己選的系，可能自己既不喜歡、也不擅長。工作後，越發發現自己對這個專業不喜歡，很想去探索別的領域。有些人很幸運，最後找到了自己真正感興趣的領域。

但是對於那些沒有找到自己喜歡的職業的人而言，這時候問題就來了，很少有人會鼓起勇氣放棄現在的職業，從零開始去學自己真正喜歡的東西。大部分的人就這樣得過且過，覺得自己要是拋下一切，換一個專業或行業，那過去的努力就付諸東流了。

可是，有類似經驗的人都知道，面對自己不喜歡的職業或專業，不放棄的結果只會越來越不開心，越來越後悔。時間越久，沉沒成本越高，就越難做出改變。

很多時候，過去付出的一切不但會影響你當下的選擇，甚至會拖垮你的未來。

可收藏價值：做出「當下」的最佳選擇

每一個選擇都是有機會成本的，沒有一種選擇是十全十美的。不管做什麼選擇，你總會失去一些東西。失去的東西並不重要，重要的是「在現有的選擇裡，做最優選擇」。

所謂的最優選擇，不能光看眼前，還要考慮未來。如果我們把焦點放在眼前，就容易目光短淺。所以，我們要從未來角度出發，看看今天的這個選擇，是否能給你帶來更大的價值。

那麼，該如何看待這個價值呢？

一、看這份工作「能不能提高你的能力」

「能力」是我們未來掙錢的絕對優勢。當你從工作中學到了某種能力，就算現在的金錢回報少一點，也是非常值得的。只要你有了足夠的能力，在未來掙錢就不是一件難事。

如果你選擇了一份收入很高，但無法提升個人能力的工作，長此以往，你一定會後悔的，因為你無法為你的未來積蓄力量。

比如，一則新聞報導說，因為高速公路收費站撤銷，一名三十六歲的收費員哭訴自己失去工作，以後沒有了生活保障。

看到這則新聞的時候，我目瞪口呆。這名收費員正值壯年，找到一份好工作可謂易如反掌。然而，在現實生活中，很多人常常會為了當下的穩定生活，而失去對未來的判斷。我們一定要有一個基本的認知：這個世界沒有所謂的「絕對穩定」。

二、看這份工作「能不能帶給你更多的人際資源」

如果我們只是在一個封閉的空間裡獨處，沒有與他人往來的需要，那我們的世界就會變得非常窄小，也就無法獲得新的機會。一方面，各個領域的佼佼者會不斷刷新我們對行業的認知，如果能透過自己的努力得到他們的教導，我們的成長速度將會大大加快；另一方面，未來的工作越來越強調合作及協調，需要我們與不同的企業和人打交道，如果你無法在短時間內取得對方的信任，你的業績就可能會落後於別人。這些都是人際資源的重要之處。

因此，人際資源也是一種重要的價值。

當我們判斷做一件事情是否有價值時，不能光看現在的收入有多少，還要看它是否能增加我們的能力和人際資源。

對於以上這兩點，我將其稱為「可收藏的價值」。這種價值比眼前的收入更加重要，針對這一點，我將在後續的內容中進行詳細闡述。

很多時候，我們會羨慕別人的運氣好，其實，一個人的運氣不可能一直都很好。那些看起來運氣好的人，只不過是懂得不斷改變選擇而已。

有人說，中國人在過去幾十年間有好幾次發財的機會：下海、房地產、網路……只要你抓住了一次機會，就可以衣食無憂。我們可以自問一下：如果你身處其中，是否能抓住其中的一次機會呢？

當然，過去的已經過去，重要的是未來。不管未來出現什麼機會，不管你如何選擇，請記住：永遠不要讓過去的沉沒成本影響當下的選擇。

【財富行動指南7】

1 審視一下你現在所從事的工作是否具有「可收藏的價值」，從未來的角度來看它能不能提升你的能力、增加你的人際資源。

2 如果沒有可收藏價值，那你還有什麼新選擇？

3 當你要重新選擇的時候，記得不要讓沉沒成本影響當下的選擇。只有放下過去，你才能在未來擁有更多的機會。

一次的選擇錯誤沒關係。人生，是一次又一次選擇的結果「疊加」。

Chapter 8
消除你的「限制性觀念」

在之前的內容中，我們已經討論了很多關於掙錢的方法。然而，想要掙錢，很多時候光有能力是不行的。

如果你對掙錢有「限制性的觀念」（我稱之為「病毒性觀念」），在這樣的情況下，即便你的能力再強，還是會為錢所困。這觀念就像一個開關，如果你不去打開它，就會被關在一個心理囚籠裡。只有找到這個開關，我們才能打開囚籠將自己釋放出來，去掙更多的錢。

能力已經提升了，為什麼還是為錢所困？

為什麼一個人有了能力，還是會為錢所困呢？

有一位才華橫溢的歌手，我們時不時就會在媒體上看到他。但沒想到，他也經常會為錢所困。為什麼會這樣呢？原因是他不太願意配合做一些宣傳、採訪或者是商業演出。

每當看到這樣的新聞時，我心裡都會非常難受。在我看來，他的困境僅僅是一個觀念的問題，他也許不喜歡商業演出，或者不屑「討好」聽眾。但如果換一種想法，按商業的方式運作就可以讓更多人享受他的作品，他的才華也可以發揮更大的價值，這難道不是一件「多贏」的事情嗎？

當然，每個人都有自己獨特的個性，在他心裡，音樂可能高於一切。不管這個歌手如何選擇，都不能影響他在我心中的位置。

實際上，就算你才華橫溢，如果你在掙錢方面的某個觀念被限制了，一樣會為錢所困。

「潛意識」如何影響掙錢？

你可能會對這樣一幕場景感到似曾相識：

兩位好友一起逛街，突然，有一輛紅色的法拉利跑車從他們身邊轟鳴而過。

其中一人發出一聲羨慕的驚呼：「哇！太漂亮了。」

而另一人則以不屑的語調說：「切！開這種車的人不是貪官，就是奸商！」

・你覺得未來，他們之中的哪一位更有可能開法拉利跑車呢？

兩千多年前，古埃及人就在石板上刻下了這樣一句話：「As above, so below. As within, so without.」翻譯成中文就是「上行，下效。存乎中，形於外。」意思是一個人的內在有什麼，就會外在地顯現出來。一個人內在對金錢的想法或者觀念，會外在地呈現出來。因此，一個人是否有錢，很大程度上取決於其內在對金錢的看法。

那些內在的看法，往往藏在我們意識不到的地方，心理學將其稱作「潛意識」。

人的內在分為「意識」和「潛意識」兩部分。所謂「意識」，是人們能夠清楚地認知到的部分，是在覺知層面的一些想法或思想活動；而「潛意識」則是人們未認知到或沒有覺察到的部分。

例如，你知道此時此刻，自己正在讀這篇文章，這是你的「意識」。而如果我不提醒你，你並不知道你的心臟正在跳動、你正在呼吸、你的血液正在身體流動……就算我提醒了你，你還是不知道你的心、肝、脾、肺、腎此刻是如何運作和配合的——這些你覺察不到的部分，便可以被稱為「潛意識」。

一個人的絕大部分行動都是由「潛意識」指揮運作的。比如說，你不用思考如何消化食物，因為你的潛意識會在你不知道的情況下，替你完成這些工作。

掙錢也不例外，我們能覺察到的行動畢竟有限，絕大多數與掙錢有關的活動，都是在潛意識的指揮下完成的。

兩個影響掙錢的「病毒性觀念」

這些潛意識很可能來自我們的父輩，也可能是在漫長的進化過程中，內置於我們基因裡的本能。比如，以下這兩個與情緒有關的病毒性觀念，我們大多數人都會有，所以需要特別警惕。**（作者注：該研究案出自大衛・迪薩沃（David DiSalvo）的*What Makes Your Brain Happy and Why You Should Do the Opposite*一書，簡體中文版書名為《反套路》。）**

一、仇富心理

那種一看見法拉利跑車就會嗤之以鼻的人，並非特例。

《心理科學》雜誌曾經刊登過一篇研究文章，研究人員設計了一個場景，將參與者隨機分配，分別扮演解題者和評分者。同時，參與者還要以抽籤的方式，確定自己是「富有者」還是

「貧窮者」。於是，就有了如下四種配對類型：

- 富有評分者配富有答題者。
- 富有評分者配貧窮答題者。
- 貧窮評分者配富有答題者。
- 貧窮評分者配貧窮答題者。

答題者要回答一些測試題，評分者則負責評分，答題者可以根據成績獲得獎金，而評分者可以透過在成績上做手腳來幫助或者阻礙答題者獲得獎金。也就是說，如果評分者故意給高分，答題者就會拿到不應得的獎金；若評分者故意打低分，答題者就拿不到應得的獎金。

研究結果顯示，當評分者富有、而答題者貧窮時，百分之七十的評分者會謊報成績，幫助答題者；當評分者和答題者都富有時，百分之九十的評分者會給出公正的分數；當評分者和答題者都貧窮時，百分之九十五的評分者會謊報成績幫助答題者；當評分者貧窮、答題者富有時，百分之三十的評分者會謊報成績，中傷答題者。

評分者之所以會說謊，與個人利益無關，卻和情緒有關。當自己的處境比別人差時，人們欺騙、傷害他人的傾向會增強，幫助他人的傾向會減弱。反之，當自己的處境比別人好時，人們幫助他人的傾向會增強，傷害他人的傾向會減弱。

也就是說，一般人都會同情和幫助弱者，而對比自己處境好的人懷有敵意，如果有機會，還會不自覺地中傷他們。

強者擁有更多的能力和機會，如果你想掙更多錢，最好和他們合作，而不是與他們為敵。所以，對於這種本能傾向，我們一定要保持清醒。

二、公平心理

《美國國家科學院院刊》刊登過一份特別有意思的研究報告。在一次心理學實驗中，每兩位參與者相互配對，一人扮演莊家，一人扮演玩家。在遊戲中，莊家得到了一筆錢，要與玩家分。遊戲分兩次進行，兩次的規則不一樣。

第一次的規則是，如果玩家覺得錢的分配不公平，可以拒絕，這樣雙方都不能得到這筆錢。遊戲最後的結果是，若莊家分配不公平，玩家百分之百拒絕玩這個遊戲，只有五五分成才被玩家接受。

第二次規則稍做調整，不管玩家是否拒絕，莊家都可以獲得自己那部分錢。也就是說，玩家要麼接受莊家的分配，要麼空手走人。研究人員猜測在這種情況下，玩家會接受莊家的不公平分配方案。但實驗的結果出乎意料，依然有百分之三十到四十的人選擇憤然離場，就算拿不到一分錢，也不會接受莊家不公平的分配方案。

我們所有人都希望社會能夠公平，面對不公平時，如果大家都能投出自己的一票，對推動社會公平會很有幫助。我這裡所說的並不是社會意義上的公平，而是商業領域的公平。

很多時候，我們的視野是受侷限的，在受限的視野下，對於許多事情，我們會覺得不公平。當你認為不公平時，往往會像前面那些玩家一樣受情緒的影響，憤怒地放棄將會獲得的利益。

在合作中，人們經常會受這種情緒的左右。比如，如果你賺得比我多，我就不做；有一些人更過分，只要你有得賺，我就不做。

而我的合作態度是，只要我有得賺，同時這是對雙方、對社會有利的事情，我都願意做；假如你能賺得多一點，我會祝福你。

清理舊觀念，建立新觀念

讀前面的內容時，你可能做了我在每章末尾留給大家的練習題，而我希望你現在能夠重做一遍這些練習。因為在讀到這裡時，我相信你的很多觀念已經發生了改變。

我邀請你按照如下的指引，繼續將自己關於金錢的所有觀念寫下來，這種方式會讓你更深刻地認識自己。

- 有錢人是什麼樣的人？
- 金錢令人變得怎樣？
- 如何做，我才會變得更有錢？
- 我爸爸認為金錢是什麼？
- 我媽媽認為金錢是什麼？
- 在我家，金錢意味著什麼？
- 金錢等於什麼？
- 如果我有很多錢，我擔心什麼？
- 朋友告訴我，錢是什麼？
- 老師告訴我，錢是什麼？
- 如果做一個比喻，錢像什麼？
- 一般人認為錢是什麼？
- 我經常為錢苦惱，因為什麼？
- 錢給我帶來最深刻的感受是什麼？
- 錢多，意味著什麼？

寫下這些觀念之後，你可以進一步思考：

・這些想法是你在掙錢路上的助力？還是阻力？

我們要警惕那些阻礙我們賺錢的想法，將它們區分出來，對這些想法要保持清醒的覺知，有能力的還可以找一位心理師去改變這些想法。如果你能做到這一點，我相信你一定會越來越富足。

以上所做的練習，是處理你對金錢的一些舊有的觀念。隨後，我們還要建立對金錢的新觀念。

如何才能建立對錢的新觀念呢？很簡單，與你身邊那些有錢的朋友多交流。你可以想辦法、找機會與他們深入交流，讓他們聊一聊對於錢的看法，並且把他們的觀念記下來。他們之所以能成為有錢人，是因為他們大腦中的某些觀念對掙錢是有幫助的。

把他們對於錢的觀念寫下來後，我們要把他們關於錢的觀念做一個對比。**記下你暫時還理解不了的部分，去問問對方「為什麼會這樣想」。你可以從這些有用的觀念中挑出最關鍵的幾條，把它寫在你經常能見到的地方**，比如說手機的螢幕保護畫面，或者在電腦上貼一張小紙條。這些觀念會在潛移默化中，使你形成新的對於金錢的觀念。

當然，在與有錢人深入交流的時候，我們要注意他們的觀念是不是整體平衡的。因為有一些有錢人的財富獲取方法是不被社會規則所認可的，這樣的觀念肯定不值得我們學習。我們一定要去找那些道德高尚的、以正當的手段賺取金錢的人，他們的觀念才是值得我們學習的。

從下一章開始，我們會談到一些具體的賺錢方法。

【財富行動指南8】

1 把你關於金錢的觀念寫在紙上，並思考這些觀念能不能幫助你掙錢。

2 對照有錢人的觀念，幫助你建立新的金錢觀。

就算你才華橫溢，如果你在掙錢方面的某個觀念被限制了，一樣會為錢所困。

【賺錢篇】

如何輕鬆地高效賺錢？

Chapter 9

你有哪些資本，可以轉化為財富？

在前面的內容中，我們已經探討了很多關於「掙錢」的心態和方法。
當我們掙得了人生的第一桶金，就有必要進入更高的思維層次了。

你知道什麼叫「賺錢」嗎？

關於賺錢，我想先和大家分享幾個小故事。

由於工作的關係，我認識了不少有錢人。其中大多數有錢人的生活，我並不怎麼欣賞，因為他們通常都忙於工作，根本沒有時間去享受生活。但也有一些有錢人讓我十分佩服，他們既有錢又有閒，而且生活還很有品味。

其中一位是李先生，他是我兒子同學的爸爸，是做餐飲生意起家的——就是經營廣東人俗稱的「大排檔」。做大排檔掙到錢之後，他就開始投資廠房，過起了收租的生活。在收到租金之後，他再把租金用於建造新的廠房……經過十多年的努力，他把所有的生意都變成了不動產。現在，他只需要做一件事，就是收租。因此，他就有十分充足的時間去做自己喜歡的事情。

靠自己的努力掙錢，需要投入大量的時間和精力，但這樣的生活品質肯定沒那麼高。從這位李先生身上，我們看到了獲取財富的另外一種方式：在享受生活的同時，財富也源源不斷地進入你的帳戶，這種方式就叫「賺錢」。

可能有些讀者會覺得這位李先生運氣好，遇到了好的機會，才賺了那麼多錢。其實，賺錢的方法有很多。接下來，我來與大家分享一個普通人的賺錢故事。

楊老師是我早期心理學培訓班的同學，二十年前和我一起學心理學的同學，現在大多數都成了導師。有一天，在一場飯局中，我遇到了楊老師，從聊天中得知，她一年只講五十天的課，其餘時間用來享受生活。

我很好奇，她上課的報酬也不算太高，一年只講五十天課，怎麼可能做到去世界各地度假呢？她的錢是從哪裡來的？

原來，大概在五年前，她把自己掙到的第一桶金——好幾百萬元——交給了一名很有能力的投資人。在專業人士的管理下，她當年投資的好幾百萬現在已經變成數千萬了。她告訴我，這筆錢每年都能給她帶來百分之二十以上的回報。

聽完這兩個故事，我想大家對錢又有了一些新的理解。**「掙錢」要靠自己的雙手去努力，而「賺錢」已經不再需要用自己的時間和體力了。我們只需要把錢交給更專業的人士管理，才能在享受生活的同時，順便把錢給賺了。**

破除思維限制，才能賺大錢

從前面的內容中，我們已經知道了什麼是賺錢。

那有什麼方法可以賺錢呢？

有一位父親為了訓練他的孩子，要求五、六歲的小孩去搬一塊石頭。但那塊石頭實在太重了，以這個孩子的力量根本搬不動。於是，孩子跑過來跟爸爸說他搬不動。

父親問他：「你盡力了嗎？」

這個孩子想了想，決定再嘗試一下。於是，他再次回到石頭那裡，用盡全身的力氣又搬了一次。可是，不管他怎麼努力，還是搬不動。

他再次回到爸爸的身邊，說：「爸爸，我盡力了，石頭太重了，我真的搬不動。」

這個時候，父親說：「孩子，我就站在你身邊，你都沒有請我幫忙，怎麼能說盡力了呢？你只是盡了你自己的全力，但你並沒有想過借用身邊的資源。」

我們或多或少都會存在一些限制性觀念，以為所謂的盡力，就是盡自己一個人所有的能力，根本不會去想自己身邊其實有很多資源可以調用。

如果一個人只是盡了自己的能力，那他一輩子只能待在「掙錢」這個階段裡。

如果一個人懂得運用身邊的資源（包括人、事、物），他才能進入到獲取財富的第二個階段，也就是「賺錢」。

中國的文字是非常有智慧的，賺錢的「賺」字，是「貝」加一個「兼」。顧名思義，我們可以將「賺錢」理解為用自己的寶貝去「兼併」社會上的錢。而「掙」這個字，表明錢是我們靠雙手來獲得的，就算你能力再強，時間也是有限的。但是，「賺錢」則是用你的寶貝去「兼併」別人的錢，那麼你的寶貝就可以是無限的。

寶貝有很多，就像前面故事中的主角一樣，他們靠自己的能力掙到了第一桶金，然後用這

桶金賺取了更大的財富。大多數人以為寶貝就是金錢，其實，這所謂的「寶貝」範圍非常大。例如，我們還有其他方式可以賺錢，比如說專利、技術、品牌等等。

如果你想要賺錢，首先，你應該檢視一下自己現在擁有的「寶貝」，看看你現在是否擁有了錢、物、技術、品牌、專利等某項寶貝。如果你至少有一項拿在手裡，那你賺錢的底氣就會足很多。

賺錢中的用人之道：讓別人有成就感

如果你沒有這些寶貝，也不用灰心，因為你還有一條路——身邊的人。

檢視一下：自己在生活中有沒有建立起足夠的個人信用？

比如你可以想想如果你要創業，是否有人願意跟著你一起做。如果答案是否定的，表示你並沒有為賺錢這件事累積好足夠的資本。不過，你也不要灰心，因為一切都還來得及，你可以從現在開始，為未來準備更多的資本。

如果你想要賺錢，要先懂得利用身邊的人、事、物，特別是人。若想要讓別人幫你的忙，就要讓別人有成就感——這是用人賺錢的核心。

首先，你要從心態上有所突破。

我們都以為請人幫忙是麻煩別人，其實，有時候請人幫忙是一件讓人有成就感的事情。當然，你請人幫忙，應該是一些對方力所能及的事，而不是一下子向身邊的朋友借一百萬，這樣只會把身邊的朋友嚇走。

比如說，如果你搬進新房子，想認識一個新鄰居，大多數人採取的方法可能是送禮物。但是，給一個陌生人送禮物，別人可能會覺得你別有所圖。所以，認識新鄰居的最好方法不是送禮物，而是找鄰居借點東西。

比如，你可以敲開鄰居的門說：「我是剛搬來的，剛剛炒菜的時候發現家裡沒有醬油了，請問能借我一些嗎？」對方在幫助你的過程中會感到自己是有價值的。有了這樣的心理暗示，就會為你們的往來奠定良好的基礎。

這是一件非常有意思的事情，**有時候你請人幫忙，並不會給人帶來麻煩，反倒會給對方帶來價值感。**每一個社會中的人都需要擁有一份屬於自己的價值感。如果你能在與人往來的過程中，隨時隨地給身邊的人帶來價值感，那你身邊的人就會因為有你而感覺到快樂，這是一種非常好的人際溝通技巧。

很多時候，你以為別人不會幫你，其實是你心中的一個假設而已。除了自身以外，還有很多的資源可以為我們所用。你只有懂得了運用外在的資源，才有賺錢的可能性。運用這些小的行動，你可以打開禁錮自己的限制性觀念，為自己的財富之路找到全新的方向。

【財富行動指南9】

1 檢視一下你現在擁有的錢、物、技術、品牌、專利等等。

2 看看你身邊是否有人可以為你所用。

3 有意地去請身邊的人來幫助自己，特別是那些你難開口的人。

我們都以為請人幫忙是麻煩別人。其實，有時候請人幫忙，是一件讓人有成就感的事情。

Chapter 10

沒錢，怎麼賺錢：聰明人懂得借用「未來」的錢

我們已經知道了，賺錢的一個重要前提是擁有第一桶金。有些朋友會說，自己一沒有錢，二沒有人際關係資源，該怎麼賺錢？接下來，我們就要具體地來談一談賺錢的「方法」。

沒有第一桶金，怎麼辦？

很多年前，我也是一個沒有錢的窮小子，而我是怎麼一步步變得小有資產的呢？

一九九七年，當時我在廣東省茂名市工作。一個偶然的機會，我看到了一門價格為一萬五千元、為期三天的課程。要知道，當時的一萬五千元可遠不是現在的一萬五千元可以比的。

當時，我沒有那麼多錢，但是我又很喜歡這門課，於是，我就想請我的老闆借一些錢給我。

我跟他說：「如果我學了這門課程，就能夠把公司管理得更好。希望你可以幫我報銷這筆費用。我真的很想學這個課程，如果你不願意報銷，可以先借錢給我，讓我去學習，這些錢可以在我後面的薪水裡扣。」

結果，老闆真的借錢給我。這個借錢上課的經驗改寫了我的命運。這門課程也幫我打開了通往另一個世界的大門。從此，我便進入了心理教育培訓領域，成就了今天的我。

也許你會說，借錢上課不算賺錢。那我再分享一段用未來的錢賺錢的經歷。

二〇〇一年，「五一」勞動節那天，有位學員打電話給我，向我推薦一棟很值得購買的新房子，請我過去看一看。當時，一幢五十五坪附帶花園的小別墅賣的價錢很漂亮，這確實讓我心動。可是，那時我實在拿不出那麼多錢。於是我申請銀行貸款，只付了不到一百萬元首付款，一年之後，我就搬進了一幢花園別墅裡生活。九年之後，我以多出十一倍的價格賣了那幢別墅——我不僅住了八年別墅，還賺了不少錢。

有位朋友經常來我家玩，十分喜歡我居住的那一區，也很想在我家旁邊買房子。我多次帶他看房，可是他每次看中之後，都因為不夠一次付清而放棄了。我建議他像我一樣向銀行抵押貸款，但他就是不願意，說那樣壓力太大，想等錢賺夠了再買。結果，他賺錢的速度永遠都跟不上房價上漲的速度。最後，他只好放棄住別墅的念頭，在離市中心三十公里的郊區買了一間洋房。每每談及此事，他都後悔不已。

所以，當你開口，周圍的人都有可能幫你。你不必考慮是否會成功，只要去嘗試，就有成功的可能。反之，假如你永遠不去嘗試，就永遠得不到想要的幫助。

善用未來資源，突破「圈層固化」

英國有一部著名的紀錄片，內容是記錄一群孩子的成長軌跡，每七年會拍攝一次，一直拍到他們離開人世。今年，已經是第六十三年了，所以叫《63Up》。

這部紀錄片追蹤了十四個孩子，有窮人家的小孩，有富人家的小孩，也有白領家的小孩。在研究人員記錄這些孩子四十多年之後，他們發現，窮人家的小孩在長大之後基本上都成了窮人，白領家庭的孩子在長大之後也成了白領，富裕家庭的孩子在長大之後也是有錢人。

這就是所謂的「圈層固化」——人們很難突破自己生活的圈層，升級到更好的圈層。

圈層固化的一個主要原因是資源的匱乏。有錢人的孩子所受的教育、擁有的資源和窮人是不一樣的，因此，他們的起點也不一樣。窮人的孩子很容易固化在原來的圈層裡，也就是說，固有的資源能夠決定一個人發展的起點。

但是，在這部紀錄片中，有一個窮人的孩子後來變成了富人，也就是說在十四個人中，有一個人突破了其原有的圈層，機率是百分之七。綜合一些研究資料來看，大概會有百分之十的人可以突破原有的圈層。那麼，這些跳出固有圈層的人，通常具備什麼樣的特點呢？

他們能夠跳出固有的圈層，是因為他們獲得了不屬於他那個圈層的資源。

你所擁有的資源，其實與所在的圈層有很大的關係。

圈層，其實就是「自己給自己設定的一個框架」。很多人只知道貧富圈是一個框架，但是不知道「時間」其實也是一個框架。

許多人失戀的時候，連活下去的勇氣都沒有了。可是今天我們回看當初的自己，你是不是會微微一笑，覺得當年的自己怎麼那麼傻，為了一點小事居然要死要活的。從今天的時間框架回看過去，原來的問題不再是問題。但是站在過去的角度看，當時的問題就是天大的問題。

同樣地，很多人小時候會認為自己的家庭非常貧窮，從父母那裡承襲了很多關於金錢的限制性觀念。比如，生於二十世紀五、六〇年代的人，經常會對自己的子女嘮叨那個年代的貧困。他們在生活中不捨得丟棄剩菜剩飯，窮苦的基因已經深入他們的骨髓，即使如今過著富足的生活，也無法讓他們改變固有的觀念。

從未來的框架來看，我們的財富是不斷增長的。小時候的生活並不能成為長大後的樣本，因為事物是處在不斷變動之中，人的能力也會提高，但困難是不會變的。

當一個人的能力提升了，他原來所遇到的財富困境就不再是問題了。就像一個國中生回看小學的題目，會覺得原本的難題根本就不值一提。**這就是「時間框架」，它能幫我們拿到不屬於今天的資源，當你能夠拿到未來的資源時，你就很容易突破現有的限制。**

我們內心對未來的恐懼

為什麼有些人敢於突破現有的限制，而有些人卻一直被困在原有的圈層，不敢去尋找更多的資源呢？

大家都知道，一部分國人的投資行為相對較少，主要與他們的消費習慣有關係。

從歷史上看，中國是一個多自然災害的國家，且經濟長期處於發展階段，人們習慣了多存糧、多儲蓄，以抵抗未來可能發生的風險。如果不為未來儲備一些資金，在投資失敗或者生大病的時候，或許就度不過那段困難時期。

除了房子，人們對其他的投資方式瞭解較少。究其原因，是因為對未來的恐懼心理，讓我們不敢用儲蓄的錢去賺錢。

當然，我並不鼓勵大家透支未來的錢。二〇〇八年的金融風暴和次貸危機已經證明，過度透支未來是有風險的。不過，對於今日資源還相對匱乏的我們來說，有時候適當地借用一下未來的資源是有必要的。當一個人對未來充滿信心時，他就敢於使用未來的錢。

對未來的信心，除了依賴外在的條件，還取決於內在的自我價值感。

自我價值感是一個人對自我價值的主觀評判，沒有一個客觀的標準。如果你對自己的價值有著非常肯定的評價，你就會對自己和未來有信心。**一個人敢不敢用未來的錢，取決於他的自我價值感高不高，他對自己的信心足不足。**

當一個人的自我價值感提升了之後，他就敢於使用未來的錢。

當年我在自我價值低的時候，也會存很多錢，卻從未想過要貸款買房。但隨著我的自我價值感提高，就敢去做一些之前不敢做的事。這是因為我對自己的未來有了信心，我相信自己未來的能力肯定會更強，賺到的錢也一定會比今天更多。

「學習」是回報率最高的投資

雖然投資是有回報的，但也是有風險的，我們千萬不要輕易用未來的錢去做高風險投資。**那到底什麼樣的投資是風險低、回報率高呢？當然是「對自己的投資」。**

如果今天你很窮，又想成為一個有錢人，你就需要提升自己的能力，讓自己擁有絕對優勢。而「學習」就是風險最低、回報率最高的投資。畢竟，面對不確定的未來，只有「你的能力」才是確定的。

所以，如果你對未來有信心，就可以把未來的錢拿到今天來投資，這樣你就能突破資源匱

乏的困境。

當然，投資不是一件衝動的事情。在準備行動之前，你可以去做如下功課。

第一項功課

問問自己，如今的能力是否比之前更強。

我們可以從歷史角度看未來，看看過去的三年裡，自己是否進步了。

如果你真的進步了，未來的三年，你打算怎麼提升自己的能力呢？

如果過去的三年，你沒有進步，你要反思這三年你是怎麼過的。

第二項功課

如果你確定過去一直在進步，你對未來是有信心的，那你就可以想辦法預支一些未來的錢來投資自己。

當你擁有了足夠的能力之後，你一定會賺到更多的錢。

第三項功課

檢視一下自己的信用。

不管你是向銀行借錢，還是從朋友那裡借錢，前提都是你必須有良好的信用。

你可以估算一下自己能借到多少錢，如果你連信用都沒有，就很難做到預支未來的錢。這時候，就要好好反思一下自己。

世界無限廣大，除非你畫地為牢。你的資源也是無限的，除非你被自己的想法所限制。只有心態改變了，你的世界才會改變。

【財富行動指南10】

1 問問自己：未來的能力會比今天更強嗎？

2 檢視一下自己的信用。

「時間框架」，能幫我們拿到不屬於今天的資源。

Chapter 11

如何用「別人」的錢來賺錢？

在上一章內容中，我們講了如何用未來的錢投資今天。而在本章中，我們探討一下賺錢的另外一種方式：用別人的錢來賺錢。

如何善用借來的錢？

在我的財富課堂上，我經常會邀請三位同學上台做一個關於金錢的小遊戲。為了方便說明，我把他們分別稱為A、B、C。A是美髮專家，B是生產衣服的，C是做鞋的。

A有能力把自己的頭髮打理得漂漂亮亮的，可是沒有衣服和鞋子，所以無法出門去賺錢。

B有衣服穿，可是頭髮亂糟糟的，又沒有鞋子穿，也沒法出門賺錢。

C有鞋子穿，可是沒有衣服，頭髮也亂糟糟的，同樣無法出門賺錢。

所以，三個人總是悶悶不樂的。因為大家都沒有錢，也買不到自己所需的物品。

這個時候，我借給A兩百元。

A拿著一百元向B購買衣服，於是B有了一百元；A拿著一百元向C購買鞋子，於是C就有了一百元——這時候，A頭髮漂亮、衣著光鮮、鞋子整潔，他就可以去賺錢了，因為他有為別人提供美髮服務的能力。

B拿著一百元向C購買鞋子，於是C有了兩百元；而B擁有了衣服和鞋子，只差做頭髮了，可是手上沒有錢了，怎麼辦？

C手上有兩百元，他拿其中一百元向B購買衣服，於是B又有了一百元。而C擁有了衣服和鞋子，只差做頭髮了。

C把剩下的一百元請A做頭髮，於是A手上就有了一百元。而C也頭髮漂亮、衣著光鮮、鞋子整潔，這時候C也隨時可以去賺錢了，因為他擁有幫別人做鞋子的能力。

現在只剩下B了，他手上有C購買他服務的一百元，他用這一百元向A購買理髮服務，這樣A手上就有了兩百元。而B像其他兩位一樣頭髮漂亮、衣著光鮮、鞋子整潔。這時候，B也隨時可以去賺錢了，因為他有幫別人做衣服的能力。

此時，我把A手上的兩百元收了回來，我的錢沒有減少，可是，A、B、C這三位卻完全不一樣了，他們都因此獲得更多的金錢。

●●

這就是金錢遊戲。從這個遊戲中，你想到了什麼？

當然，這個遊戲無法完全展現市場的邏輯，因為還有利息、市場服務費、稅收等複雜的支出。但至少可以讓我們明白——錢是流動的——貨幣只有在流通中才能創造價值。

如果B的父母對B說這個社會太險惡了，只有把錢放在口袋裡或者存在銀行裡，人生才有保障，那麼，當一百元到B這裡時，B選擇把錢放進口袋，而沒有繼續參與接下來的交換，這場交換就不能順利地進行下去，大家還是無法獲得各自所需。這時候，大家只能在各自的困境中煎熬。

因此，暫時沒錢沒關係，我們可以先從別人那裡借錢。當你善用借來的錢，你就有能力賺取更多的錢了。當然，當你有能力賺到更多錢的時候，你還需要支付利息和財務費用給借你錢的人或機構，否則以後沒人願意借錢給你。

為什麼有些人能借到錢，有些人卻借不到？

金錢是有生命的，它會按某種規律流動。而貨幣是不記名的，只是在某個時間點上，那筆錢剛好「流動」到你的手中。所以，財富的意義，原本就是在流通中產生價值。

我們經常會看到一些人把一大筆錢藏在床底下的新聞，這種行為是對「錢」的最大褻瀆。從某種意義來說，**人們對財富只有「使用權」，而沒有「所有權」**。明白了這一點，擁有財富就會變得非常簡單——**誰會使用錢，誰就能擁有錢；誰不會使用錢，錢一定會離他而去。**

借錢並不是一件簡單的事，從借錢這件事上，我們可以發現一些有關錢是如何流動的規律。

曾經，我也是一個窮小子。我第一次創業是在小城裡開一家小小的公司。當時，我向一個親戚借了幾萬元。在一九九〇年那時，幾萬元絕對算是一個大數目了，相當於現在的幾十萬，甚至更多。但是，就算是這麼大筆的數目，我的親戚還是借給了我。他也不是一個很有錢的人，為什麼會甘心借給我這麼一大筆錢呢？因為在此之前，我曾經多次向他借過錢，當然只是一些小錢。但每次我都能準時把錢還給他。在他的心目中，我是一個有信用的人。正是因為這份信任，他毫不猶豫地借給了我幾萬元。

當然，我也沒有讓他失望。大概一年之後，我就把錢還給了他。這是我第一次借大筆的錢去創業。

所以，當你沒錢的時候，你可以向你的親戚、朋友借第一桶金。

當然，借錢並不是一件容易的事，因為大多數人都不願意借錢給別人。可是，為什麼有的人很容易就能借到錢，而有的人卻很難借到錢，大家可以好好想一想原因。

我的一位朋友沒有像我一樣早早下海，而是留在原本的公司上班，直到企業倒閉了，他才不得不被動下海。這時候他的年齡已經很大了，在小地方也很難找到合適的工作，他又不忍心離開妻子和小孩去大城市工作。於是，他想到了向我借錢創業。那時候，我已經有了一些資本。好朋友想要創業，我就毫不猶豫地借給他四十萬元。很可惜，幾年之後，他的生意沒有什麼起色。四十萬元在當時也不是一筆小數目，而且他是我的好朋友，所以我並沒有計較。可是，讓我失望的是，在之後的每一次見面中，他都沒有跟我提過還錢的事情，也沒有對我表達還不了錢的歉意。

幾年之後，他又向我借錢，理由是他想買一間房子改善居住條件。這一次我拒絕了他，因為前面那筆借款，他不僅沒有還給我，更對我沒有任何交代，這已經讓我失去對他的信任。而且，他現在借錢不是用來投資，也不是用來救急，而是用來享受的，所以我毫不猶豫地拒絕了他。

藉由這兩個故事，我想請大家思考一個問題：

・能借到錢的人身上，有什麼特點呢？

讓別人借錢給你的兩個前提

其實，不單單是借錢，想要找別人投資也一樣。

投資或借錢，說白了就是讓人願意把錢暫時放在你那裡。如果想要讓人願意把錢交給你，需要滿足兩個條件。

一、你得有信用，你借了錢「會還」

如果你不是一個有信用的人，我相信再有錢的人也不敢借錢給你。你的信用是建立在一些小事上的，如果你平常就是一個言而有信的人，答應別人的事情總會做到，你在別人心目中就是一個有信用的人。

為什麼我能比較容易借到錢呢？因為我答應過別人的事情一定會做到。比如說，不管和別人約在幾點見面，我一定會準時到達。但是，我的很多學員，特別是那些做心理導師的學員，他們的遲到現象卻特別嚴重。

我經常對我的導師團說：「你們身為導師，上課都經常不準時，怎麼能讓學生向你學習呢？」毫無疑問，如果這樣的人向我借錢，我是會拒絕的，因為他們沒有遵守承諾。

二、你借了「能還」

「能還」的意思是，你是一個有能力讓錢生錢的人。如果錢在你的手上不能夠增值，那這些錢就白白浪費了。你把借來的錢花光了，別人怎麼相信你還有錢還給他呢？如果你有能力拿這筆錢去賺取更多的錢，別人才會對你有信心，願意把錢借給你。

在這兩點中，最重要的還是第一點。第二點讓錢生錢的能力，我們可以慢慢學習，但是一旦你的信用沒有了，就沒有人願意借錢給你了。一個沒有信用的人會讓身邊的人「受傷」。

「會還」的前提是「能還」，一個人只在有能力讓錢增值的條件下，才有可能守信用。如果沒有能力讓金錢增值，把借來的錢用於消費，甚至用於奢侈品消費，最後用什麼來還呢？

倘若你借錢時根本就沒打算還，這就不是借錢了，這是欺騙。

用「行動」驗證自己的信用與能力

有人說，要驗證自己的信用和能力，最好的辦法就是借錢。如果別人願意借錢給你，就不僅僅表示你和他的關係不錯，還表示你的信用很好，別人對你的評價很高。所以，**與其抱怨有錢人不願意借錢給你，不如從今天開始嘗試建立自己的信用，同時提高自己的致富能力。**

接下來，我們就來測評自己是否有信用和能力。怎麼做呢？

一、測評一下自己的信用

你可以調查一下：

· 在別人眼中，你是不是一個有信用的人？

在你自己的眼裡，你肯定覺得自己是有信用的人，所以你可以向幾個要好的朋友借錢，來看看他們的反應。從他們的反應中，你就可以知道，你過去在別人眼中，是不是一個有信用的人。

二、評估一下自己的能力

你可以反問自己：

·如果有人給了你一筆錢，你是否有能力讓這筆錢增值？你可以把年回報率提高到多少呢？這筆錢在你手上增值的速度，會比在別人手上更快嗎？

若你有這個信心，那麼借錢對你來說就不是什麼難題了。假使你連這個信心都沒有，憑什麼要人家把錢交給你呢？

如果前兩個問題的答案都是肯定的，那你就可以大膽地向朋友借錢了。當然，溝通的意義在於別人的回應，若別人不願意借給你錢，那只能說明，在別人眼中你並不具備以上兩個條件。假使前面兩個答案都是否定的，那不用我說，你也知道應該怎麼做了——你要為未來「儲備好」這兩個條件，為以後借錢做好準備。

錢是不記名和流動的，它一定會往有能力、有信用的人那裡流動。當你的條件具備的時候，錢會很自然地往你那裡流。所以，我們與其苦苦地追逐金錢，倒不如一步一腳印地為未來做好準備——今天種下一粒財富的種子，明天一定會收穫豐碩的財富果實。

【財富行動指南11】

1 試試向別人借錢，以此驗證一下自己的能力與信用。

2 保持敏銳的覺察力，為未來儲備信用與讓錢增值的能力。

誰會使用錢，誰就能擁有錢。誰不會使用錢，錢一定會離他而去。

Chapter 12

如何用「人」來賺錢：先提升自己的層次

在前兩章中，我們談了如何用「未來」的錢和「別人」的錢來賺錢。

在本章，我們將具體探討一下如何利用其他方法去賺錢。

我們都有用之不盡的寶貝：人才

也許有些人會覺得自己出身普通，家無餘財，想賺錢談何容易。在本章內容中，我想和大家分享一個勵志故事，這個故事來自《三國演義》。

《三國演義》裡，有一個非常重要的人物——劉備。劉備的父親英年早逝，留下他和母親相依為命。他的母親編得一手好草鞋，並把這個手藝傳給了劉備，所以劉備早早就開始了擺地攤的生活。那時的他看起來是一個再普通不過的人，但最後劉備卻做到了「三分天下而得其一」。

劉備與貴族出身的曹操和孫權相比，可謂白手起家。他要權沒權，要錢沒錢，要地沒地，但一無所有的他，一樣可以開創一番事業。他靠的是什麼？答案很簡單，因為他懂得一個字——借。

不知道你是否注意過，《三國演義》中有很多關於「借」的故事。比如，「劉備借荊州」、「諸葛亮草船借箭」等等。

所以，**不管你今天過得如何，不管你的出身有多麼卑微，你都可以巧妙地借勢創造一番事業。暫時沒有資源沒關係，你也可以向劉備學習「借」：借天、借地、借人才……最重要的是人才，因為「人才」才是用之不盡的寶貝。**

劉備之所以能夠在亂世中崛起，成為曹操口中的「英雄」，全靠他識人才、重人才，並且把人才聚集在身邊。

從「桃園三結義」開始，他收了張飛、關羽兩員猛將。再到「三顧茅廬」，他得了諸葛亮的輔助。事在人為，有了人才，其他一切都好辦。

所以，想要幹一番事業、獲得財富的時候，可以從凝聚人才開始。

很多時候，我們只盯著自己的才能。如果你已經盡了最大的努力卻一事無成，就會陷入一種深深的無助狀態。其實，盡力並不僅僅指的是盡一己之力，還要盡他人之力。如果你懂得借用他人的才華，你就擁有了取之不盡的財富。

要賺錢，需要學會如何與人相處

用人，並不是一件容易的事情，其中大有學問。許多職場人士都會有這樣一種感覺：自己的上司學歷不高，看起來也沒有什麼能耐，憑什麼他的職位可以比我高呢？為什麼偏偏是他當主管呢？

其實，除了極個別的主管是靠旁門左道當上的，絕大多數當主管的人都擁有一種非常重要、卻常常被人忽略的能力——**「與人相處的能力」**。他們懂得如何讓和自己一起工作的人有成就感與舒適感，這種能力跟其他任何專業能力一樣，是一種不可忽略的能力。

只可惜，大多數人只看重一個人做事的能力，卻忽略其做人的能力。我們經常可以看到，一個人從幼兒園到大學一直在學習某種技能，但有多少人曾花過時間學習如何跟人相處呢？

我曾經就因為不懂得如何與人相處，而吃盡了苦頭。

在學心理學之前，我是一個完全不懂得怎麼和人相處的人。我有過幾段與人合夥創業的經歷，在創業的過程中，我深深地體會到經營公司不是最困難的事情，最困難的事情是處理股東之間的糾紛。我早期創業的好幾家公司都是因為合作夥伴之間的意見不一而解散。一旦股東之間出現了看法相左的狀況，這家公司就算經營得再好，也於事無補。

這樣的事情不只我一個人經歷過，在從事心理學教育的二十三年中，我見過太多了。以下，我想和大家分享一個因為合夥人糾紛而結束公司的故事。

我認識一位善於講課、卻不善於經營公司的導師。他不願意把時間花在經營上，所以他找了幾位善於經營的學生一起組建了一家公司。這家公司的架構看起來非常完美，一開始業務也做得紅紅火火。可惜，好景不長，他的幾名學生之間出現紛爭，一家好好的公司分裂成好幾家相互競爭的公司，最後大家都陷入了困境。

為什麼有的人就算是找到了人才，也很難長期合作下去呢？

為什麼有些人就能像劉備那樣，讓那些性格迥異的人才，在同一個平台上發揮各自所長呢？在用人方面，他們身上有什麼我們不清楚的祕密嗎？

用人的必備技能：對「人」，不對事

但凡對動物稍有點常識，你就會知道，群居動物一般都會有一個領袖——獅群中有獅王，狼群中有領頭狼，馬群中也有領頭馬。在動物界中，之所以會出現一個更高層級的領袖，是因為牠們需要一個領頭的去協調與其他動物之間的關係，否則就會互相殘殺，甚至於族群滅絕。

人和動物一樣，凡是有團隊存在，就一定會需要人去協調隊員之間的關係。

動物協調關係靠的是武力，獅王、領頭狼、領頭馬都是群體中最強壯的那一個，這些動物中的王者，都是靠自己的力量打出來的。

但人和動物是不一樣的，人類在進化過程中，發展出了超級大腦，所以人類團隊的領袖並不是靠武力打出來的，而是靠智慧。

・那麼，想要成為團隊領袖，所需的智慧是什麼呢？

我們經常會聽到這麼一句話，叫做「對事不對人」，這句話告誡我們要把焦點放在事情上，而不要放在人身上，好像這樣就能比較客觀。

但事實是，那些「對事不對人」的人常常會陷入困境。因為**一旦你把焦點放在事情上，往往就會忽略人的感受，這會使對方感到很不舒服。如果你想留住身邊的人才，讓他們為你所用，你就要把焦點放在「人」身上，而不是事情上，也就是「先對人，後對事」。**

如何理解「先對人，後對事」？

請你想像一下：我今天中了大獎，隨後買了一輛非常漂亮的、價值千萬的紅色法拉利跑車。身為朋友的你正處在戀愛階段，很想借我的車帶你的戀人去兜個風。當然，我會毫不猶豫地把車借給你。但是，到了晚上，我接到你的電話，你對我說：「團長，真不好意思，我把你的跑車撞壞了。」

在這種情況下，一般會有兩個回應。

・第一種回應：「有沒有搞錯？我那輛車價值上千萬呢，你居然把它給撞了？要修的話需要多少錢？趕快拍個照給我看看車哪裡壞了！」

如果我這樣跟你說，你心裡會有什麼感受？我想，你肯定會又內疚、又緊張。因為我的眼裡只有車，根本沒有你這個人，我把車的價值看得比你這個人的價值更大。這就是把焦點放在事情上，而沒有放在人身上。

・第二種回應：「撞車了？你沒事吧？有沒有傷到哪裡？」

直到我知道朋友沒事，我再關心車。如果你聽到我這樣的回應，心裡一定會很感動，會覺得和我做朋友真是很幸運。這就是「先對人，後對事」。

看完這兩種回應，我想你應該能夠明白，協調人際關係為什麼要「對人，不對事」。**因為和「對人」的人相處時，你會感受到自己的價值，會被這種人性化的相處方式所吸引。**

但社會上絕大多數的人會用你所做的事情，來衡量你的價值，一旦你給他造成了一點損失，他就會覺得你一無是處，或者一文不值。在這種人面前，你會覺得自己毫無尊嚴、毫無價值。這樣的人，有誰會願意跟隨他呢？

每個人都渴望被關注。只有當你身邊的人感到舒服、有尊嚴和有價值的時候，他們才會把要辦的事情辦得更好。這就是「用人」賺錢的道理。

一個會「用人」的人，他必須要心中有愛。生命的最本質需求是渴望被肯定，心中有愛的人，就會像太陽一樣給周邊的人帶來溫暖。有時候你遇到困難和挫折，只要和他聊天，就會感到十分溫暖，充滿希望，因為他看得到你的價值，從來不會用你做的事情來衡量你。

事情總有對錯，而人是沒有絕對的對和錯的。每個人做事情的背後總有其情緒和動機，如果你的情緒與動機被關注到了，你的內心自然會感到溫暖。一個能讓人感到溫暖的人，我將其稱為「發光體」。

一個人曾經怎樣被對待，他就會用同樣的方式對待別人。很多時候，「對事不對人」這個習慣已經根植於我們的潛意識裡了。所以，你會看到這個社會上只有少數的智者才懂得用人。

他們心中有愛、眼裡有光，如果你遇到這樣的人，期待你可以和他成為很好的合作夥伴。

如何上升一個層次，成為領袖？

如果你想成為一個會「用人」的人，首先要學會「對人，不對事」。當你能做到這一點時，你就能上升到另外一個層次，成為團隊中的領袖。

根據自然法則，一個領導者必須懂得協調原有層級成員之間的關係。那麼，當兩個人之間出現了不同的意見，我們該如何去協調呢？

一、看見

當你能看見雙方的立場、侷限時，你就會站在一個比雙方都要高的視角上。

二、當你能看見時，協調就變得簡單了

首先，我們要肯定雙方的出發點，就算行為不對，其正面動機也是對的。然後，我們可以盡可能地引導雙方看見對方的立場和正面動機。最後，在滿足雙方需求的前提下，尋求一個雙方都能滿意的方案。

三、當你能協調的人越多，你的層次就會越高

要學會協調關係，我們最好先從身邊的人入手。每個家庭都有衝突，每家企業都有存在衝突的部門。如果你能協調家庭中的衝突，你就能讓家庭生活更加幸福。如果你能協調兩個不同部門的衝突，你就會成為部門領導人。

會用人的人就像一盞明燈，能夠吸引很多人去追隨他，而那些不會用人的人就像黑洞，吸走別人的能量。

中國有句老話叫「士為知己者死」，當你真正學會了用人，只要你一聲令下，你的團隊就會為你拚搏奮鬥，何愁賺不到錢呢？

【財富行動指南12】

1 有意識地訓練自己，不要把焦點放在事情的層面，而要把焦點放在人的情緒和正面動機。

2 試著協調你身邊那些有紛爭的人，訓練自己具有高層次人才的能力。

如果你想留住身邊的人才，就要把焦點放在人身上，而不是事情上，也就是要「先對人，後對事」。

Chapter 13

如何用「人」來賺錢：充分發揮他人的潛力

在上一章中，我們探討了如何用人去賺錢。接下來，我們繼續深入探討，如何才能讓別人心甘情願地跟隨你，並和你一起賺錢。

如何平衡事業與家庭？

我們都知道，生活和工作都需要我們花費大量的時間。很多時候，我們無法做到兩者的平衡，而且總是顧此失彼。

我認為，要想成為一個真正富足的人，僅僅有錢是不夠的。如果一個人把時間都消耗在賺錢上，就算賺了再多的錢，其內心仍然可能是「貧窮」的，因為他根本沒有時間去享受工作帶來的成果。所以，我們先來探討一下如何才能又有錢、又有閒。

先和大家分享一個故事。

幾年前，有個人力銀行網站統計了一個數據：大概有百分之九十八・三的人都忙於工作，而忽略了家庭，更沒有時間享受生活，這是一件很讓人揪心的事。

後來，這家人力銀行拍了一部非常觸動人心的短片，叫做《情感銀行》。這部短片講述的是一個男人離開自己的家鄉，到一個陌生的城市工作。為了謀生，他不斷地工作、不斷地加班，連太太生孩子，他都沒有辦法盡心照顧。此外，他家裡還有患心臟病的老母親沒人照顧。他的太太在短片裡說了一句話：「你要錢？還是要孩子？」意思是你要麼回家陪我生孩子，要麼你就繼續賺錢，別要我和孩子了。

在現實生活中，我們總能看到一個人一旦決定去做一件事，比如說去創業，或者要完成一件業務，就會像一頭老黃牛一樣只顧低頭工作，沒有時間抬頭看路。其實，這樣會讓他們錯失很多機會。

要事業？還是要家庭？這個二選一的問題誤導了不少人，因為它會將你導入一個兩難的境地，不管你怎樣選，都會失去很重要的東西。好像我們要了事業、就沒法要家庭，要了家庭、就沒法要事業一樣。

心理學專家認為，一個選擇等於沒有選擇，兩個選擇會讓人左右為難，凡事都會有三個以

上的選擇。與其在兩難選擇中糾結，不如換一種方式問問自己：

・要家庭、又要事業的話，該怎麼做？

如何才能充分發揮團隊的力量？

大多數創業者或者想成為主管的人都懷著一個樸實的夢想——希望透過努力，讓自己的生活變得更好。可惜，事實大多事與願違。隨著職位的升遷，他們的收入確實增加了，可是休息的時間卻越來越少，生活的品質也越來越差。

有一句話叫做「能者多勞」，能成為領導的人通常都是能力較強的人。所以，很多事情都落在他們的身上。依照這樣的邏輯，做主管的哪有不忙的道理。

在大多數的企業和團隊中，我們都會看到這樣一種現象：主管忙得團團轉，而團隊中的一些成員卻閒得發慌。要解決這個問題其實很簡單，讓你團隊裡的每一個人都為這個團隊著想，讓團隊裡的每一個人都負起責任。

當然，讓每個人都對團隊負責，並不是一件容易的事情，因為大多數人都是不願意負責任的。為什麼人們都不願負責任呢？

我們可以來感受這樣一個場景。

隨便找一個身邊的人聊聊，比如對你的伴侶或者朋友說：「我覺得你要鍛鍊身體了。」對方很可能會這樣回應你：「誰說的？我身體好得很，你才要鍛鍊身體呢！」

我們都知道，每個人都應該為自己的身體負責任，可是當你要求他人鍛鍊身體時，絕大多數人都不願意承認自己需要鍛鍊。

為什麼會這樣？這裡蘊含著一個心理學原理：**沒有人願意承認自己是錯的。如果你告訴對方哪裡做得不好，那他一定會否認，甚至會和你作對。**

我們再來看這樣一個場景。

一對夫妻，通常是太太回家才煮飯，但有一天太太因為堵車，到家稍微晚了一點，回到家的時候，她發現先生已經在家裡了。先生回到家後，先打開了電視，拿著遙控器一台台地轉頻道。這個時候，太太一邊換鞋、一邊問先生煮飯了沒有。先生在家裡很少做飯，所以他就隨口應了句：「沒有。」太太的怒氣一下子就被點燃了，說：「你怎麼那麼懶！先回到家，也不會幫我煮飯？你真是個懶鬼。」先生聽到妻子這麼說，覺得莫名其妙，明明自己為了養家早出晚歸的，回到家想休息一下還要被罵，誰受得了？

我相信，此時大多數男士都會頂撞太太：「我懶，我們能有這個房子住嗎？我懶，你能有這個包包背嗎？我為這個家庭已經累成這樣，你還說我懶！」

大家有沒有發現，這種場景很熟悉。所謂「當局者迷，旁觀者清」，如果當事人是你，你未必能看清楚吵架的真相。其實，他們兩人吵架並不是因為同一件事情。太太針對的是先生沒有煮飯這件事，但是先生針對的是太太罵他懶這件事。他們都為了證明自己是對的，才說出那些飽含怨氣的話。

那麼，為什麼先生聽到妻子的責怪後，不主動分擔家務，甚至還和妻子爭吵呢？一個很重要的原因是妻子罵先生懶，將先生過去的功勞都抹殺了，只看到了他沒做飯這個事實。先生聽到後肯定會很不爽，更別提煮飯了。

所以，**一個人不願意承擔責任的一個重要原因，就是沒有人願意承認自己是錯的。試想：當主管在挑你毛病時，你會不會很不爽？**

一個人總是盯著別人錯誤的代價是——沒有人願意幫你做事。對於一個領導者來說，這樣的代價是很嚴重的，員工不願意做，那剩下的工作只能自己做了。

明知道挑別人毛病沒什麼好結果，但為什麼還是有很多人樂此不疲地挑別人的毛病呢？從演化心理學中，或許可以找到解釋。

我們都知道，原始人生活在森林裡，森林裡會有很多猛獸，如獅子、老虎、毒蛇等，只有時時刻刻將焦點放在防範危險上，人們才能生存下去。人類之所以能夠延續到今天，說明我們的祖先是習慣於將焦點放在「危險點」（也就是不足）上的人。在漫長的進化中，我們的祖先會將這些有利於生存的習慣，內化在我們的基因中，自然就演化成了我們習慣盯著別人不足之處的心態。

一個很常見的場景是：孩子考了九十八分，還差兩分就滿分了，但媽媽就是揪著這兩分的錯誤不放，卻對九十八分的成績視若無睹。這個媽媽不能理解孩子為什麼會做錯這麼簡單的題目，而孩子也因為得不到媽媽的讚美，覺得失落。

在這樣的情況下，不管是誰，都會為了證明自己是對的而奮起抗爭，甚至和你唱反調。**所以，要讓人心甘情願地為你做事，首先就要把對方放在對的位置，然後告訴他：「你可以做得更好。」**

也就是說，你要先肯定對方做得好的地方，再讓對方看到自己的不足，如此他才願意為沒做好的事情負責。

‧那麼，如何才能把對方放在「對」的位置上呢？

先看見別人的「優點」，才能輕鬆賺錢

如果我們能把人放在「對」的位置，不僅可以避免許多無謂的爭吵，還會讓身邊的人開心、快樂。團隊的成員、你的伴侶、孩子也會非常有成就感，很願意負起他們的責任，並且聽得進你的意見。當你身邊的人主動負起責任時，你就可以輕鬆地享受生活了。

現在，你已經知道如何讓別人心甘情願地為你工作的祕密了。但這還不夠，只有把這個習慣融入我們的工作、生活中，才能隨時隨地接受各種各樣的挑戰。

你可能也會覺得，這些道理自己都懂，但是遇到事情時，就忘了該怎麼做。在這裡，我告訴大家簡單的練習方法。

一、首先，養成看到別人優點的習慣

如果你是媽媽，哪怕看到孩子只考了六十分，你也要告訴他：「六十分，已經及格了，說明你已經很努力了，但我相信你下次還可以考得更好。」

如果你是老闆或是公司的管理者，當下屬的業績不太好時，你可以告訴他：「前幾個月你的業績很好，說明你是一個有能力的人。只要你用心去做，我相信你會慢慢上來的！」

二、其次，告訴對方可以做得更好

藉由前面的認可，你已經打開了對方的「心門」，對方願意聆聽你的意見和請求。這時候，你就可以告訴他哪裡還可以做得更好，或者他需要去做什麼事。

三、最後，可以從一些難度較低的事務做起

我們可以利用網路的朋友圈來訓練自己，給朋友圈的好友寫評論，給你的朋友肯定和希望，讓你身邊的人有成就感。例如，你可以這樣評論：「**看到你工作這麼忙，真佩服你有這麼好的精力！**」或者：「**今天的照片很好看，你真是一個會生活的人！**」如果養成了這種能力，你會發現，有很多人願意為你做事，很多人也願意追隨你。

許多人都愛挑別人的毛病。而在眾多挑剔的人中，如果你能看見別人的優點，並願意肯定對方，那你就很容易吸引大家的目光。

如果你是一個團隊的領導者，你就可以有更多的時間去做其他事情，因為你的下屬已經積極、主動地幫你完成了一些事。

如果你是一名普通的職員，只要你願意去做這個練習，你身邊就會有大量的支持者，他們也會從你這裡獲得成就感。假以時日，你一定會成為一位卓越的領導者。

若你能做到這幾點，你就是一個真正的發光體，一個廣受他人喜愛的人。

然而，有才華的人，都是有個性的人。我們該如何讓更多有才華的人幫你賺錢呢？如何讓有個性的人願意跟隨你呢？這些內容，我們將會在下一章中具體探討。

【財富行動指南13】

1 養成先看別人優點的習慣，先肯定對方，然後再告訴對方可以做得更好的地方。

2 透過評論社群網站的朋友圈，來訓練自己肯定別人的能力。

要讓一個人心甘情願地為你做事，首先要把對方放在對的位置，告訴他：「你可以做得更好。」

Chapter 14

容納他人的夢想，升級金錢的格局

在前兩章中，我們談了如何用別人來幫我們賺錢：第一是要先對人，後對事；第二是要把人擺在「對」的位置。

但是，有出眾能力的人一般都是有個性的人。那麼，我們該如何與那些特別有才華的人一起共事、一起賺錢呢？

有錢人的身邊，總是有很多人才

有許多人都說我很善於與不同的人合作。其實，關於合作，我還有很多地方需要學習。不過，在這裡，我很願意分享自己成長的經歷，希望能帶給大家一些啟發。

每年正月十五過後的第一個週末，我們公司都會舉辦一場大型的心理學會議。我們會邀請來自世界各地的心理學專家，這些心理學專家都是各自領域的佼佼者。

十年前的一場心理學大會上，有一位來自美國的ＦＢＩ（美國聯邦調查局）談判專家，在吃飯時對我說：「你能把那麼多來自不同地方、自以為是的傢伙聚在一起交流，真的很了不起，我很佩服你！」

聽到這句話，我感觸極深——自己內心深處的委屈被看到了。要知道，這些專家來自世界各地，他們所研究的心理學流派不同，性格也各不相同，而且他們都很有個性，誰也不買誰的帳。所以，要把他們聚在一個平台演講，真不是一件容易的事情。雖然我做到了，但背後的心酸只有我自己知道。

而且，我之所以會感觸極深，也是因為我當時能力有限，還沒有做到真正地接納這些性情各異的人才。

所以，我非常佩服那些能把人才留在身邊的人。

比如，在春秋戰國時代，齊國的孟嘗君號稱有門客三千，只要是有才能的人，孟嘗君都會讓他們各盡所長。而對於沒有才華的人，也能為他們提供生活保障。

有一次，孟嘗君率領眾賓客出使秦國，秦昭王將他留下來，想讓他當相國。孟嘗君心裡不願，但也不敢得罪他，只好留了下來。一段時間後，有大臣就對秦昭王說：「孟嘗君出身王

族，在齊國又有封地，他怎麼可能會真心為秦國辦事呢？所以大王您要趁早把這個人殺了。」於是，秦昭王便改變了主意，想找個藉口把孟嘗君殺了。

秦昭王有個寵姬，昭王對她有求必應，於是孟嘗君派人去向她救助。寵姬答應了，條件是拿齊國那件天下無雙的狐白裘（用白色狐腋皮毛做成的皮衣）作為報酬。這可難為孟嘗君了，因為剛到秦國時，他便把這件狐裘獻給了秦昭王。就在這時候，有一個門客說：「我能把狐裘找來！」說完就走了。原來，這個門客善於偷東西，知道昭王特別喜愛那件狐裘，把它珍藏在宮中的藏寶室裡。他便藉著月光逃過巡邏人的眼睛，鑽進藏寶室裡，把狐裘偷了出來。

寵姬見到狐裘後，高興極了，想方設法地說服秦昭王放棄殺孟嘗君，並準備過兩天送他回齊國。孟嘗君可不敢再等，連夜率領手下向東奔逃。他們到達邊境的函谷關時正值半夜，按秦國法規，函谷關每天當雞叫時才開門。

深更半夜，雞怎麼會叫呢？這下子，一行人被困住了。此時，一個門客站了出來，說自己能解決出關的難題。原來，這個門客擅長口技。他一學雞叫，旁邊的雞也紛紛鳴叫起來。守關的士兵雖然覺得奇怪，但還是起來打開關門，放他們出去了。於是，孟嘗君便靠著「雞鳴狗盜」之士的幫助，逃回了齊國。

當然，我說這個故事並不是想讓大家去做那些雞鳴狗盜的事，而是想告訴大家：**有作為的人，一定有旁人所不及的容人之量。這樣的人，手下一般都有各種各樣的人才，要和這些人相處並不是一件容易的事。那麼，他們是如何做到的呢？**

聚集人才的祕密

「物以類聚，人以群分」，如果你只能跟你類似的人相處，結果只會像武大郎開店一樣——員工一個比一個矮。

但那些成功人士，他們的手下通常都會強於自己，這樣才能擁有一個非常有行動力的團隊。

那麼，如何才能和個性迥異的人相處呢？

張國維博士是我非常佩服的一位心理導師，他不僅課講得好，更重要的是他把自己所講的內容全都做到了。比如，他的親子課程非常受學員歡迎，而且他還把自己的三個兒子都培養成了博士。他之所以能事業成功、家庭幸福，其中最重要的原因就是心胸寬廣，他能與各種各樣的人相處，而且深得學員的喜愛。

像張博士那樣有大成就的人，通常能看到一個人行為背後的正面動機，就像張博士經常對我說的：**「眼睛」只能看到眼前的事情，但「眼光」卻可以看到常人所看不到的東西。**

這就是為什麼那些大成就者能讓奇才、怪才為自己所用。

一個人，不管他的行為多麼怪異，都有一顆渴望被看見的心。這也許就是我們常說的「士為知己者死，女為悅己者容」，當你能夠真正地理解對方、接納對方，那對方就會把你當成人生中的知音——即所謂的「君以國士待我，我當以國士報之」。

你能幫助多少人實現夢想？

就算你是別人的知音，別人十分願意為你工作，那還是不夠的，因為這並不會讓一個人充分發揮出他的潛能。一個人只有為自己的夢想努力時，才能真正激發他們的內在潛力。所以，成大事者都有一個特點：他們都是在幫助別人實現夢想的同時，順便實現了自己的夢想。

如果你的上司或者你身邊的朋友只考慮自己的利益，對你的想法、感受或者夢想一概不管、不顧，你願意跟隨這樣的人嗎？我想，沒有人願意留在這樣的人身邊。

●●

二〇〇一年，我辦了一場遊學活動，帶著很多企業家到知名家電品牌海爾集團考察和學習。我們在學習的同時，也順便到附近的景點旅遊。

關於旅遊的事宜，我通常會委託給旅行社。旅行社的導遊一般都會安排我們去購物，因為購物點的東西都非常昂貴，品質也不怎麼好，為了讓我的學員不被別人「宰」，我會盡量讓他們快點逛完，然後去下一個景點。

當我在催促這些學員時，我發現一個學員在那裡大包小包地買青島海產，就對他說：「這裡的東西貴，如果你想買，晚上我陪你去另一條街，那裡的東西又便宜，品質又好。」

在等待打包的那段時間，他跟我說了一番話，這番話至今影響著我。

他笑了笑，問我：「團長，你知道導遊靠什麼吃飯嗎？」

我說：「當然知道啦，他是靠小費呀，還有購物的回扣。」

他說：「你既然知道，還勸我不買？你看，我們這個團沒有多少人買東西，如果連我也不買的話，導遊就沒有收入了，那他就會不開心。未來的五天，我們都要跟著導遊玩，如果他不開心的話，那我們全團人的心情都會受到影響。我在這裡買點東西，導遊開心，我們的團友未來五天都開心。同時，我可以把這些禮物送給我的親朋好友，讓我的親朋好友也開心。團長，你說我買貴一點，值不值得？」

這番話讓我十分震驚！我沒想到有人可以這樣思考問題——他不僅從自己的角度出發，還能從導遊的角度、團隊的角度、親朋好友的角度思考問題。**一個人的心有多大，才能容得下如此多的人。**

從那一刻開始，我就由衷地佩服他。我心中暗想，這個人未來一定會有更大的成就。果然，十多年之後，他的企業從一個小工廠，做到了幾十億的產值。

為什麼他的事業能做這麼大？我想，一定是因為他身上具有某種超越常人的獨特之處——**他的心胸足夠寬廣，他能考慮到更多人的利益。**

所以，要讓別人心甘情願地為你工作，你就要讓他們在你的團隊裡，實現他的夢想，而不僅僅是你的夢想——當你的夢想大到可以涵蓋他的夢想時，他才能幫你實現你的夢想。

這就是我經常說的「容」的概念。如果我們容不下身邊的人，那我們可能會錯失很多人才。

如何讓人才心甘情願地幫你賺錢？

透過前面這兩個故事，我們明白了，要讓有才華的人幫你賺錢，你需要具備兩個條件：

第一個條件：學會從一個人的行為背後，看到他的正面動機

不能因為一個人暫時的錯誤行為，而否定對方的全部價值。

第二個條件：你的心胸要足夠大，你的夢想要足夠豐富

當你的夢想足夠大的時候，你才能容納得下別人的夢想。因為沒有人願意為你實現夢想，他們只想實現自己的夢想。

要如何做到這兩點呢？在這裡，我給大家兩個練習。

第一個練習，去做一個「白日夢」，想一想：如果你現在有一億，你會怎樣生活？把它寫下來，然後看看你所寫的內容裡，包含了多少人的夢想。如果僅僅是你一個人的夢想，那對不起，你可能還沒有資格讓更多的人為你服務，因為每個人都想實現自己的夢想。你要從寫下來的夢想中去覺察、去調整，看看如何才能讓自己的夢想容得下更多人的夢想。

第二個練習，刻意去和那些你不喜歡的人、或者性格和你完全不同的人相處，試著把他們放進你的世界裡。這樣的訓練可以慢慢拓寬你的眼界。如果你能慢慢地容納這樣的人，那表示你的胸懷越來越大了。你能包容對方的行為有一些你不能接受的地方，試試從他的行為出發，去發現他的正面動機。

記住，沒有人會無緣無故地為你工作。首先，你要關注到他的正面動機，給予他肯定或者機會。然後，你要幫助他實現自己的夢想，同時也是在實現你的夢想。前提是你的夢想要大到容納更多人的夢想，這樣人才才願意聚集在你身邊。

【財富行動指南14】

1做一個白日夢，想想：如果你現在有一億，你會怎樣生活？把它寫下來，然後看看你所寫的內容裡，包含了多少人的夢想。

2刻意去和那些你不喜歡的人、或者是性格與你完全不同的人相處，試著把他們放進你的世界裡。

成大事者都有個特點：都在幫助別人實現夢想的同時，順便實現了自己的夢想。

【值錢篇】

如何讓財富找到你？

Chapter 15

什麼樣的人「值錢」？

從本章開始，我們就要進入值錢篇。

所謂「值錢」，就是讓錢來找你。

一個有內在吸引力的人，會自動吸引財富。從本章內容開始，我們要回到自己的內在，看看有哪些角度可以提升自己，把自己變成一個高價值的人。

為什麼錢會追著某些人跑？

這個世界非常奇怪，有些人終其一生苦苦追逐金錢而不得，但金錢卻會追著另一些人跑。那些被錢追的人，我將其稱為「值錢」的人。那麼，值錢是什麼意思呢？

值錢有兩個含義：

1值得別人給你錢，這是一個人的能力問題。

2值得擁有錢，在心理學上叫做「配得感」，這關乎一個人的內在。

錢究竟會主動找什麼樣的人呢？

曾經，金融業是非常熱門的一個行業，因為金融從業者一般收入高，且工作輕鬆。可是，隨著經濟的發展，金融從業人員的壓力也開始增大。很多人都被業務電話騷擾過，其中一種騷擾電話就是理財顧問打給你的，他們會向你銷售理財產品。這種現象以前是不存在的，因為你把錢放進銀行後，就會有利息收入。所以，以前的銀行從業人員工作輕鬆，收入可觀。

為什麼這種現象改變了呢？因為隨著經濟發展，投資的機會越來越多，人們擁有了更多的選擇，當然是哪裡回報率高，就投資哪裡。而銀行的回報率有限，所以業務人員才需要不斷打電話拉客戶。然而，就算業務人員拚命地向你推銷，你也不一定願意把錢交給銀行。

與之相反，有些人並不會主動找你，但你卻會主動把錢交給他。

幾年前，在我開的一門研讀投資課堂上，我認識了一名學員，他不僅讓我獲得了賺大錢的資訊，而且顛覆了我對股票投資的觀念。

那次課程結束之後，我就想把錢交給他投資。雖然他要收比較高的手續費，但我還是毫不猶豫地把錢交給了他，希望能透過他的操作使我的資產增值。

沒想到，他卻對我說：「我們認識才半個月，你對我瞭解嗎？你就這樣把錢交給我，你不擔心嗎？不用急，機會有的是，當你對我有瞭解之後，我們再合作吧！」

自此之後，我一直與他保持聯繫，隔一段時間就約他吃飯，我總是追著他想把錢交給他管理。所以，這個投資人就是一個被錢追的人。

那麼，像他這樣「值錢」的人有什麼特點呢？

他的特點就在於能讓錢生錢。當然不僅僅是我，還有很多人想把錢交給他管理，因為錢到了他手上會變多。

在這裡，我們可以看到一個很簡單的，關於錢的流動規律——錢會往「能讓錢增值」的人那裡流動。

把錢交給「值錢」的人

這個規律與經濟學裡的「馬太效應」（Matthew Effect，指強者越強、弱者越弱，即大者恆大）有關，它源於《聖經》裡的一個故事。

有一個人有事要出遠門。在出門之前，他把家裡的三個僕人分別找來，給了每人十兩銀子，讓他們妥善保管，然後就外出了。

第一個僕人感到主人給予自己莫大的信任，他覺得一定要把這些錢保存好，不然就是愧對主人。於是，他在床底下挖了個洞，把這十兩銀子埋在床底下。

第二個僕人也覺得主人對他這麼信任，一定不能愧對主人，於是他把錢存進了錢莊，希望主人回來的時候能讓這十兩銀子增值。

第三個僕人同樣覺得不能愧對主人，於是他拿著這些錢去做生意。等主人回來的時候，他已經把本錢翻了一番，原來的十兩銀子變成了二十兩。

一段時間之後，主人回家了。第一個僕人忠心耿耿地從床底下把錢挖了出來，原封不動地交給主人。第二個僕人也拿出了他從錢莊取出來的錢，還有一兩銀子的利息。第三個僕人也把原來的十兩銀子，還有他做買賣賺來的十兩銀子一起交給主人。

這個主人看了看三名僕人，指著第三個僕人，對第一個僕人和第二個僕人說：「把你們的錢都交給他吧！」

「主人」之所以把前兩個「僕人」手裡本來就少的資產奪過來，交給第三位「僕人」，是

因為他能讓資產增值。這個故事聽起來非常殘酷，但在我們的現實生活中，「主人」就是一隻看不見的手——即隱形的財富分配者。

在現實生活中，我們也經常看到富者越富、貧者越貧的情況。如果你是那個主人，或許你也會把第一個和第二個僕人的錢交給第三個僕人，因為第三個僕人能讓你的錢增值。

所以，**如果你想擁有更多的錢，你必須擁有讓錢生錢的能力。只有擁有這種能力的時候，才會成為一個「值錢」的人。**

如果你是投資人，你會投資給自己嗎？

如果你想吸引更多人的錢，你需要思考這樣一個問題：

・**如果你是一個投資人，你會投資自己嗎？**

你可能會輕易地回答：「我當然會投資自己了！」

但是，在回答這個問題之前，你應該先考察一下自己的「比較優勢」。你的投資是有機會成本的，如果你要投給你自己，就會放棄更優的選擇。把錢投在你這裡，能讓錢「生出」更多的錢來嗎？跟你身邊的人相比，是你、還是你身邊的人，能「生出」更多的錢來？

投資人的目標是賺取更多的利潤，當你把錢投在自己身上無法產生更多的利潤時，那為什麼要把錢和資源投給自己呢？

值得別人投資的人，必須具備以下兩個條件：

第一個條件是，他要有讓錢生錢的能力。

第二個條件是，他能讓錢生錢的速度比周圍的人更快。

如果你沒有這兩方面的能力，那投資人一定會把錢交給其他人，只有這樣，他的回報率才會更高。

如果你具備以上兩個條件，相信很多人都會追著把錢交給你打理。

我們來反思一下，如果你具備這種能力，那自然是皆大歡喜。如果你不具備，你打算如何讓自己擁有這種能力呢？

一、首先，要建立投資的意識

舉個例子：為了改良落後地區的糧食品種，增加糧食的產量，非政府組織ＮＧＯ採購了一些優良的品種，並且發給當地的農民。可惜只有百分之十的人會把種子種在土地裡，以期產生更多的糧食。而其餘百分之九十的人會把這些種子當成糧食吃掉。

當大家聽這個故事的時候，都會覺得那百分之九十的人很愚蠢。但是，俗話說「旁觀者清，當局者迷」，在現實生活中，我們又何嘗不是那百分之九十的蠢人呢？

·想一想：在過去的十年，你有為自己的未來預留「財富的種子」嗎？

財富可以像糧食一樣被用掉，也可以被用來作為種子。大多數人在擁有財富之後，並沒有留下一部分做種子，而是把種子都吃掉了（也就是用掉了）。如果我們把賺的錢都花掉了，沒有讓它「生出」更多的錢，這跟那些吃掉種子的人有什麼區別呢？

我們要向農民學習，把今年的收成留下一部分，當成未來財富的種子。這樣，你才能得到生生不息的資本。

二、其次，要不斷學習「讓錢生錢」的能力

你可以先留意身邊的那些有錢人，看看他們是如何讓錢生錢的。

此外，身處蓬勃發展的網路時代，你可以在網路上獲得非常多的學習機會。只要你願意學習，就可以向各式各樣的「高人」學習，並與他們保持聯繫。我相信，你一定能從他們身上學到更多專業的投資知識。

投資當然是有風險的，如果你能從每一次投資的風險中學到經驗，那你的投資就變成了學費。若你能從中學到一些東西，投資風險便會隨著經驗的增加而逐漸降低。

有句話叫「花香蝶自來」，只要花足夠香，你就能吸引更多的蝴蝶，讓自己成為一個讓錢生錢的人。

【財富行動指南15】

1在你認識的人之中，選一位最能讓錢生錢的人，與他保持聯繫，觀察他、研究他，然後模仿他。

2不管你現在擁有多少錢，不管你有多少收入，請試著拿出你收入的至少百分之十，用來實踐你學到的投資知識。僅僅有知識沒有用，只有把知識落實到行動中，才能創造成果。

思考一個問題：「如果你是一個投資人，你會投資給自己嗎？」

Chapter 16

找出你最「值錢」的特質

在前兩章中，我們探討了如何讓錢來找你。首先，你得成為一個值錢的人。而要讓自己成為一個值錢的人，必須先找到自己值錢的特質。

在本章中，我們就來探討一下：你最「值錢」的特質是什麼。

發掘自己最擅長的事

楚漢戰爭中，有一次，劉邦問自己的得力幹將韓信：「你大概能帶多少兵？」

韓信很自豪地告訴劉邦：「我帶兵越多越好！」

劉邦又問韓信：「那你覺得我能帶多少人？」

韓信想了想，說：「大王，我想您最多能帶十萬人。」

一聽到這個答案，劉邦的臉色都變了。他心想：「我是王，你是我的部下，憑什麼你帶的兵還比我多。難道我的能力不如你嗎？」

韓信覺察到了劉邦臉色的變化，馬上用一句話化解了這個尷尬的局面。他說：「大王，您領導的是將軍，我領導的是士兵，所以咱們領導的是兩種不同的人。」

為什麼韓信帶兵多多益善，劉邦卻最多能帶十萬人？如果換一下角色，讓韓信來做皇帝，叫劉邦來帶兵，他們還能創造同樣的功績嗎？

我們每個人都有自己的侷限性，就算是貴為帝王的劉邦，在帶兵方面也不如手下的大將韓信。一個人如果沒有做自己擅長的事，一定是前途無「亮」的。

所以，反推己身，你要找找自己最擅長的是什麼，問問自己現在正在做的，是不是自己最擅長的事情。

每個人都有自己最擅長的領域，如果我們放棄了自己最擅長的，去做一些自己不擅長的事情，不僅會事倍功半，也許還會讓你痛不欲生——一旦方向錯了，你越努力，離目標反而會越遠。

工作是人生中不可或缺的一部分，它不只是謀生的手段，更是人生的一部分。對於絕大多數人來說，工作占據了人生三分之一的時間。如果我們從工作中只感到厭倦、焦慮和失望，那人生的三分之一時間就被白白浪費了。

在《如果找對職業——每一種性格都能成功》一書中，作者羅傑・安德生在長達二十多年的職業生涯中，目睹了很多人由於選錯職業，使得本該輝煌的人生不得不草草收場。這些人在工作中勤勤懇懇，卻鬱鬱不得志。為此，他甚為感慨。他認為這些人若有機會重新選擇職業，其實都有可能成功。

而在我多年的職業經歷中，這種才華與工作錯配的情況其實也沒少見。如果你在工作中感受到無價值、無動力，或者總是提不起熱情投入其中，那麼，我建議你不妨及時止損，選擇自己更喜歡的新工作，或者充分認識自己的興趣、才華後，重新擇業。

以興趣為起點，提高工作能力

為什麼有些人在工作中如魚得水，而有一些人在上班前，得做很久的心理建設才能出門呢？不妨問問自己：

- **現在的工作是不是自己真正喜歡的？或者，是不是你真正的天賦所在？**

不同的路

1改變一生的決定

電影導演楊宇原本是學醫的。大三那一年，他發現自己感興趣的並不是治病救人，而是做動漫。於是他做了一個決定——放棄學醫，轉做動漫。在自己的一部動漫短片獲得成功後，他決定開始做動畫電影。因為選擇了自己最擅長的事情，即使他是一名非專業的導演，卻依然成了中國電影界的一顆耀眼新星，並拍出３Ｄ動畫片《哪吒之魔童降世》，創造了中國動漫電影的歷史。

我的故事和楊宇有點類似，都是在人生中某一個點上，突然做了一個改變一生的決定。像我和楊宇這樣的人都是幸運的，因為我們有勇氣去改變自己的方向。但並不是每個人都有這樣的勇氣，很多人寧願痛苦一生，也不願重新選擇。

2被迫選了不喜歡的

也有的人被迫選擇了自己不喜歡的方向。

比如，我先前提到過的一個案例——諮商者是一位漂亮的女士，丈夫非常優秀，兒子聰明伶俐，生活幸福美滿。但她並不開心，甚至想毀掉這一切。原來，這一切都是她父母安排的，她的學校、所學的專業、工作，甚至連丈夫都是父母選的。她的前半生似乎沒有做過自己的選擇。

3 自己選錯了

另外有些人是自己選錯了方向。

我公司的一位編輯是一個很有才氣的人。他的文章寫得很好，幾年內就從普通編輯做到了公司高層。但他不甘心只做文職工作，總覺得自己可以轉做經營。最後，他選擇了自己創業。後來，我斷斷續續地聽到一些有關他的消息，他在創業的過程中總是碰到各種各樣的困難。幾年之後，他還是回到自己擅長的領域，在創意寫作方面取得了一些成就。

當然，我對此很高興，因為他重新找回了自己的方向。

你怎麼選擇走哪條路呢？

那麼，我們該如何選擇自己的事業發展方向呢？

對此，一般人會考慮以下兩點：

1 能力

大多數人做選擇時，都會把能力放在首位。殊不知，正是因為這樣的限制，自己才痛苦了一生。

一個人的能力與其投入的時間和精力有關。除了少部分需要極高天賦的工作外，對於一個

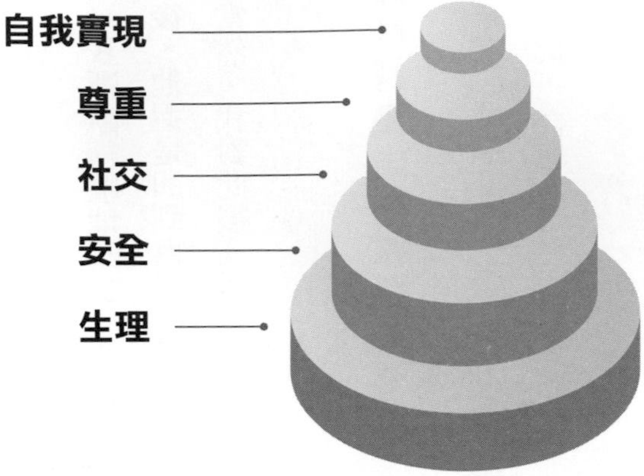

智力正常的人來說，社會上大部分的工作，只要願意投入足夠的時間和精力都可以勝任。不過，勝任是一回事，喜不喜歡又是另外一回事了。

2興趣

另外一種人在選擇工作時，以興趣為主，因為對自己感興趣的事情會做得更開心。

這種選擇方式看起來很合理。不過我們要看到，根據興趣而選擇的工作也有做不下去的時候。我一直對周遊世界非常感興趣，也曾經從事了好幾年周遊世界的工作，可是做了好幾年也沒做出什麼名堂，最後只好放棄。我猜，一定有不少朋友有過類似的經歷。

興趣與需求

歸根結柢，興趣與我們的需求有關。

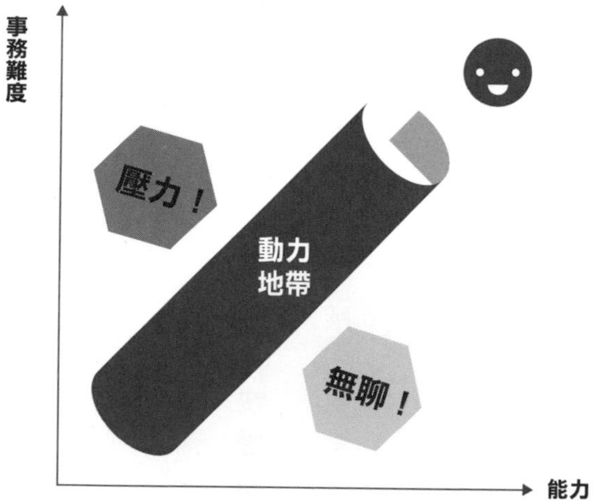

人類在進化的過程中，基因裡已經內置了很多讓我們感興趣的「程式」。也就是說，為了確保人類的生存和繁衍，這些「程式」會對有利於人類發展的行為給予獎賞。比如，人類為了生存，要確保攝入足夠的能量。而吃富含脂肪的食物會讓人充滿力量，於是人們對高脂肪的食物會產生興趣。

與之相似，為了繁殖後代，確保基因能夠傳遞下去，就要對性行為給予獎勵，於是人們對性就有了興趣；為了對付凶猛的野獸，人類需要團結在一起，於是人們對社交就產生了興趣……

心理學家馬斯洛對此做出了詳盡的研究，他把人的需求分成生理、安全、社交、尊重和自我實現五個層次，如右頁圖。

人們對能滿足這些需求的行為都會產生興趣，這是人類共通的興趣。

可是，每個個體對於同樣事情的興趣，

又會不一樣。比如社交，有的人喜歡參加各種社交活動，有的人卻喜歡一個人「宅」在家裡。

對於個體而言，興趣又與什麼有關呢？

我們翻回第一百九十五頁，看看這一頁的圖。

從圖中，我們可以看出，如果一個人從事那些遠超出自己能力範圍的事情，就會感受到壓力。相反地，從事一些遠低於自己能力的事情時又會感到無聊。只有做剛好與自己能力匹配的事情時，才會獲得成就感，才會從中找到樂趣。

對感興趣的事，能獲得快感和成就感

所以，那些讓我們感興趣的事，其實就是我們能從中獲得快感和成就感的事情。這種感覺可能來自外在的肯定、讚美、欣賞等，也可能來自內在自我價值的實現。

興趣與能力有關，當你選擇一種工作時，也許一開始和自己的能力相匹配，所以很感興趣；可是隨著工作的展開，工作的難度會隨之增加，原來的興趣就會變成壓力，於是，原來充滿興趣的選擇只好被放棄，又開始了新一輪的選擇。

如果選擇還是以興趣為起點，那麼一段時間之後，或許又是一輪新的循環。

長板理論：發揮你的天賦

我們都知道，管理學裡有一個理論叫「木桶理論」（又稱為「短板理論」），意思是一個木桶的容量取決於最短的那塊板子。這個理論誤導了許多人，包括我們的父母。

在對孩子的教育中，父母通常只會有一個想法，就是彌補孩子的「短板」。當孩子的某一門功課比較弱的時候，我們會拚命地找補習老師把最弱的那門功課成績提上來。因為考試是要看總分的，如果你某一門功課比較弱的話，確實很吃虧。但是，當我們把精力花在補短板的時候，我們的長板就會失去優勢。

作家朱自清當年考北大時，數學考了零分，但還是被破格錄取了——數學方面的短板，並沒有影響朱自清先生成為一代文豪。

工作之後，沒有人考核你的總分，社會只會看你最擅長什麼。如果你依舊花費大量精力彌補自己的短板，卻不注重發掘自己的長板（即優勢），那你就可能成為一個平庸的人。

實際上，木桶理論非常適合組織管理，因為組織可以互補。一個團隊總體的戰鬥力取決於其最短的那塊木板，領導者只有找到一些長板來彌補這片短板，這樣團隊才會有戰鬥力。

個體的精力和時間是非常有限的，所以個體更適合「長板理論」。只要把一個人的強項發揮得淋漓盡致，任何一個人都會有成就。想像一下，如果讓打籃球的運動員去演戲，叫演員去

打籃球，那他們一定會成為最差勁的那一類人，因為那是他們的短板。只有發揮自己的天賦，才能讓自己出類拔萃。

著名人力資源專家羅傑・安德生透過大量的職業研究發現：**百分之九十八的成功人士之所以能成功，是因為他們選擇的職業剛好與其天賦相符；相反地，那些在職場上失敗的人，並不是因為能力有問題，而是因為他們選擇的工作，恰好是他們的短板。**

我們每個人都有自己的天賦，也都會在某些事物或者領域中具備很強的潛力——這可以使人在具備同樣經驗、甚至沒有經驗的情況下，以高於其他人的速度快速成長。

從歷史上看，從事智力研究的科學家數不勝數。從史坦伯格（R.J. Sternberg）的智力三元論，到魏氏智力測驗的數十項智能分類，各派都同意：智力是由不同部分構成的，比如觀察力、注意力、記憶力、思維力、想像力等等。

一個人要想有所作為，只有從天賦入手，他才會非常容易地找到自己的興奮點。因為這是他的天賦所在，在這一領域，他能夠輕易地超越他人，當然可以獲得成就感。這時，你會神奇地發現，天賦、興趣與能力，三者居然能夠和諧地達到統一。

如何找到自己的天賦？

那麼，我們該如何尋找自己的天賦呢？

天賦通常有如下三個特點：

一、不費力

某些方面，你不需要怎麼用力，就能輕易地超越身邊的人。

二、專注

當你做某件事的時候，你很容易專注其中，完全忘記時間的流逝。我有一位作家朋友在機場候機時寫文章，會經常忘了時間而誤機。那麼，寫作就是他的天賦。

三、自我賦能（self-empowerment）

當你做某件事時，就算身體已經十分疲勞，但你精神上卻充滿了愉悅，內心充溢著滿足感。

如果你找到了和上面三點相符的感覺，那麼你已經在從事與自己天賦相符的事業，你自然會找到人生的樂趣。你也會發現，工作本身就是一種獎賞，因為你會從中獲得強烈的成就感。

這也許就是羅傑・安德生所說的：每一種性格的人都能成功。

如果你能找到自己的天賦，你就一定能找到讓自己「值錢」的那個點。

每一個人都有自己的天賦，天賦就像上天送給我們的獨特禮物。萬物皆有規律可循，聰明的人會利用自己的天賦找到適合自己的成長之路。

最後，我想以斯威夫特（Jonathan Swift）的詩作為本章的結尾。

動物明白自己的特性：
熊不會試著飛翔，
駑馬在跳過高高的柵欄時會猶豫，
狗看到又深又寬的溝渠會轉身離去。

但是，
人是唯一一種不知趣的動物，
受到愚蠢與自負天性左右，
對著力不能及的事情大聲地嘶吼：
堅持下去！

出於盲目和頑固，
荒唐地執迷於自己最不擅長的事情，

使自己歷盡艱辛，
然而收穫甚微。

【財富行動指南16】

1檢視一下自己的天賦。不妨看看：自己在做什麼事情時，是不費力、專注且自我賦能的？回顧自己的童年時期、學生時期或是現在，看看有什麼事情是可以輕鬆超越別人的。

2當你找到自己的天賦所在時，再看看你現在從事的領域，你能從中找到自己事業發展的方向嗎？

當我們把精力花在補短板的時候，我們的「長板」就會失去優勢。

Chapter 17

如何讓自己越來越值錢？

在上一章中，我們探討了如何找到自己的天賦。只有找到自己的天賦，在自己天賦所在的領域中發展，你才能夠成為一個值錢的人。

在本章中，我們將會探討如何讓自己越來越值錢。

暫時「不值錢」不要緊，重要的是，我們要讓自己明天比今天更值錢。

只要我們一天比一天更值錢，總有一天會實現財富自由。

為什麼有能力的人，卻沒人敢用？

很多人覺得只有那些有能力的人才會值錢，其實並不一定。

在《三國演義》裡，有一個很有能力的人——呂布。他是能征善戰的將領，發生在他身上的一個故事叫「三英戰呂布」——劉備、張飛與關羽三個人一起，都打不過他。可想而知，呂布的武力值有多麼高。

在歷史記載中，呂布認董卓為乾爹。但呂布受司徒王允的鼓動，殺了董卓。隨後，呂布被曹操打敗，投奔徐州的劉備，劉備收留了他。在袁術興兵攻打徐州時，劉備迎擊，兩軍相持。正當袁、劉相持的階段，呂布卻偷襲下邳城，俘虜了劉備的妻子。劉備回軍後，被袁術打敗，於是向呂布求和。呂布將劉備的妻子歸還，劉備則回到小沛。不久之後，呂布率兵攻打小沛，劉備戰敗，前往許都投奔曹操。最終，曹操親自出馬征討呂布，水淹下邳，呂布的一名部下叛變，城破被俘，呂布被曹操處死。

呂布一生都在出賣自己的領導，最後的下場自然是被自己的手下出賣。

歷史是怎樣評價呂布這樣的人呢？呂布可謂打遍天下無敵手，為人卻反覆無常、狡詐、唯利是圖。這樣的人能力很強，可是誰敢用他呢？可以說，誰用他誰倒楣。

對呂布本人來說，他的超強能力並沒有給他帶來高官厚祿，卻被他消耗在了一次又一次的背叛之中。這樣的人，對於朋友來說無異於一個定時炸彈，你說，這樣的人值錢嗎？

當然，很多人會覺得那是歷史故事，今日再也沒有這樣的人了。其實，這樣的人從古至今一直都有。

很多年前，我看中了一個青少年培訓計畫。其實，我認識這個計畫的創始人很多年了，可是因為做青少年培訓並不是一件容易的事，所以有好幾年，那個計畫都是半死不活的。後來，我聽說有一個很厲害的年輕人加盟這家公司，公司的業務迅速有了起色。

後來，他們想透過融資擴大市場，我就調查、研究了一下這個計畫。發現這家公司原來有五名股東，加上這個新來的年輕人，一共六個。他們的股份非常分散，這意味著責任也被分散了——就像誰都有責任，但是誰都不負責任，這是一個非常致命的結構。所以，我提議把更多的股份集中到有能力的人身上。如果能讓這位年輕人有更大比例的股份，那這間企業就會有希望。其他五名股東也非常同意我的觀點，願意出讓股份給這個年輕人。

這個計畫看起來一切都準備就緒了，很遺憾，這名年輕人卻出乎意料地說：「我憑什麼要購買你們的股份？你們原來一直做不好這家公司，如果我來經營，從今天開始要按能力重新分配。以前的事情我不管，現在就要按對公司的貢獻大小，重新分配股份，你們的股份要無償給我百分之五十一。」

這個年輕人的這番話，著實把我嚇一跳。因為他只考慮到了自己，完全沒有考慮別人的利益。這樣的人不尊重別人對公司的貢獻，再三考慮之下，我放棄了這個計畫。同時，我也覺得這家公司不會有什麼好結果。

果然，雖然其他幾位股東最後還是被逼同意了他的要求，但是這個計畫還是不了了之。可以說，這個計畫並不是死於經營不善，而是死於股東之間的糾紛。

藉由這個例子，我想讓大家知道，其實像呂布這樣的人並不鮮見。他們看起來非常有能力，但是誰用他都是死路一條。也就是說，他在市場上是不值錢的。

說到底，一個人究竟值不值錢，並不僅僅是由其能力決定的。

為什麼有的人能力不出眾，也能賺大錢？

如果是這樣的話，一個人值不值錢，到底與什麼有關呢？

我們經常會看到有這樣一種人，他們的能力看起來並不強，很多人甚至會覺得他們笨拙，但他們反而擁有很多機會，許多人願意用他們。

比如，我非常欣賞的一位保險經紀人，按他的能力來說，他確實是一個很平凡的人。作為一位保險銷售人員，他並沒有像別人那樣能說會道，也沒有像別人那樣會討顧客開心，他只是一個老老實實的普通人。

可是我已經在他那裡買了二十多年的保險，因為他是一個讓我非常信任的人。一直以來，他都在踏踏實實地做保險工作，讓我覺得非常放心。我是一個非常守時的人，每一次和他見面，這位保險經紀人都會比我早到。他答應過我的事情，幾乎每一件都做到了。無疑地，他是一個非常值得我信任的人。

正因為如此，我會介紹很多的顧客給他。十幾年前，他只是一名很普通的業務員，但今天他已經是這個行業裡非常重要的人物了，在廣東省的金牌保險經紀人中能排到前十名的位置。

作為保險經紀人，**他的能力並不出眾，那他是靠什麼一步步地走到今天的呢？他靠的並不是能力，而是另外一種說不清、道不明的價值，這個價值叫做「可收藏價值」。**

所謂可收藏價值，就是隨著時間的推移會自然而然提升的價值。

生活中，可收藏的物品有很多，比如普洱茶、白酒、郵票、古董……這些東西都會隨著時間的推移，價值變得越來越高。

我喜歡一些有年代感的家具，特別是紅木。當然，我不是一個大富大貴的人，所以只購買了一些小件紅木工藝品。我有個學員是做紅木生意的，她一共有八家紅木家具店。有一次，我在她店裡和她聊天，她很自豪地跟我說：「即使今年我什麼事情都沒做，就算一件家具都沒賣出去，我也能賺到一億。」

我嚇了一跳，問：「為什麼什麼都不做，就能賺一億？」

她說：「因為我的紅木值錢。今年紅木的價格相比去年來說升值了，以我八家店的存貨來看，我能增值一億以上。」也就是說，這位學員的生意，即使不從顧客的身上賺錢，隨著時間的推移，她的家具也會越來越值錢——這種紅木家具就屬於有「可收藏價值」的物品。

我們都知道，要找經驗豐富的醫生，特別是知名中醫看病，他們的收費一般都會比普通的醫生貴一些。與之類似，擁有多年經驗和良好口碑的律師、會計師、老師……這些職業都會隨著經驗的增長越來越值錢，收取的報酬也會越來越高。

建立個人信用和口碑

具有可收藏價值的工作，包含兩個要點：

第一個是你不光賺取了薪資，同時也能學到知識，你的能力會一天一天地提升。

當然，光有能力是不行的。在我前面講過的例子中，比如說呂布很善戰，但是他並不值錢，為什麼呢？因為他缺乏第二個要點：**個人口碑，或者說是個人品牌。**

一個人的價值是在與人相處中體現出來的，如果你的信用不好、口碑不好，或者你一直都在做損人不利己或損人利己的事，你身邊的人就很難給你機會了。

這樣來看，一個人的信用，或者說個人品牌的建立，有時候比能力更重要。

就像我那位保險經紀人，他看起來能力並不強，但是很多朋友願意把保單交給他，其中一個很重要的原因就是他值得信賴。所以，個人品牌也可以算作能力的一部分。

當你不斷提升自己的能力，同時建立個人品牌時，那你就擁有了可收藏價值。隨著時間的推移，你就會獲得更多的機會，也能創造出更大的價值。

有了這樣一種價值，你自然就會變得越來越值錢。

【財富行動指南17】

1 評估一下自己是否具有可收藏價值。

2 評估一下自己能借到多少錢。

3 看看你借到的錢，與你所評估的價值是否相符。

所謂「可收藏價值」，就是隨著時間的推移會自然而然提升的價值。

Chapter 18

拒絕「我不配」的想法，釋放值錢的潛能

在前面的內容中，我們講過「值錢」的兩個含義：一是值得別人給你錢，二是值得擁有金錢。到目前為止，我們討論了如何才能值得別人給你錢。從本章開始，我們來探討如何讓自己「值得擁有金錢」，也就是如何提升內在的「配得感」。

「配得感」是什麼？

「值得擁有金錢」涉及一個專業名詞，叫做「配得感」。如果你沒有配得感，那就算你擁有再多的財富，財富也可能離你而去。

所謂「配得感」，就是一種你值得擁有某種東西的主觀感受。這個詞比較抽象，透過以下

這個例子，可以讓大家更清楚地瞭解。

大學的時光，對於大多數人而言都是非常美好的。但是對我而言，卻是一段不堪回首的時光，因為那是我從鄉下走向城市的一個轉折點。其間，我遇到了很多的困難，其中一個困難就是「窮」。我讀大學時的生活費靠的是獎學金和勤工儉學所賺得的，用這為數不多的錢在城市過一個月，對我來說簡直太拮据了。

網路上曾有個話題，爭議非常大：一個大學生嫌父母每個月只給他一萬元生活費。他抱怨父母為什麼不能給兩萬元的生活費，因為其他同學每個月都有兩萬元。看到這樣的新聞，我頓時覺得現在的學子真是太幸福了。

因為拮据，我當年吃飯的時候只能買四兩米飯加一勺黃豆。雖然現在我的生活有了很大的改善，但是一提到黃豆，心裡還是有不小的陰影。

我的大學同學裡有一些有錢人家的孩子。當他們看到我的飯碗裡只有一勺黃豆的時候，大多數人都會伸出援手。他們有時會買一碟排骨、雞肉、燒鵝之類的好菜，端到我面前請我吃。如果現在有人請我吃飯的話，我會覺得是一件非常榮幸的事。可是當年，對於一個來自山村的孩子來說，同學買一些好菜請我吃，對我而言卻是一種恥辱。

我的感覺非常難受，所以為了避免這種尷尬，我會選擇兩個時段去餐廳：如果老師講得不精采，我就溜出課堂，先去餐廳吃飯；如果老師講得很好，下課後我會編各種理由故意避開同學，比如要做作業、要問老師問題等，然後獨自去餐廳吃飯。

從這個簡單的故事中可知，當別人請我吃東西的時候，我之所以不願意接受，是因為我內心覺得自己不值得擁有這些。也就是說，我自己覺得不配得到這些東西，這種感覺就是「配得感」。

當一個人配得感不夠的時候，他會逃避上天送給他的好東西，金錢就是其中的一種。所以一個人如果不提升配得感，就算他再有能力，或運氣再好，也無法擁有財富，因為他的潛意識會驅使他躲開財富。

對自己價值的評價，決定了「配得感」的高低

為什麼有人收到別人饋贈時，會不好意思呢？為什麼我們得到一些東西的時候，會有內疚感呢？有句話叫「財多身子弱」，如果你的配得感很弱，你得到財富時，心裡就會不安，這份內疚和不安就會影響你的健康。

所以，**一個人的配得感與自我價值息息相關。**

「自我價值」就是自己對自身價值的一種主觀評判。主觀的評判是沒有客觀標準的，你認為自己值錢，你就值錢；你認為自己不值錢，那麼你就一定不值錢。

這種對自己的評價，源於哪裡呢？

最早來自你的父母。如果你的父母在你很小的時候，就對你有很多的批評，那你對自己的評價也會很低。當一個人對自己的評價很低的時候，他就會認為自己不值得擁有那些好的東西。就像我當年覺得自己不值得擁有好吃的飯菜，不值得擁有好車、好房，都是因為對自己的評價太低。

當然，對自己的評價也不能完全歸結於父母，因為人的成長是一個非常複雜的過程，影響自我價值的因素有很多。比如說，你讀書的時候，考試成績很差，老師說你笨，你總是聽到像「蠢材」、「笨蛋」這樣的批評，你就會慢慢地在潛意識裡相信自己真是個蠢材，覺得自己真的不值得擁有好的東西。當這些批評慢慢地內化成你的一部分，你就會變成一個自我價值很低的人。

一個自我價值很低的人，有什麼特點呢？

一、當別人讚美你的時候，你會覺得不好意思

因為你覺得對方讚美的不是你，覺得自己沒有別人說的那麼好。

二、你很在意別人的評價

一個自我價值高的人，別人罵他、批評他，他可以做到完全不在乎。因為他相信自己不是別人說的那樣，他知道自己是一個什麼樣的人。所以，當別人說他蠢的時候，他會一笑置之，因為他知道自己並不蠢。這就是自我價值高的表現。

有些人之所以會那麼在乎別人的評價，是因為他對自己的價值感很模糊。比如，你花高價買了一件古董，但對於這件古董是真是假，心裡沒底，這時，你就會十分在意別人的評價，特別是那些權威人士對這件古董的評價了，因為你只能依賴他們的評價，才能知道這件古董的價值。人也一樣，如果你對自己的價值不確定，別人的一句話就會影響到你的心情。別人說你很好，你很高興；別人說你笨，你就變得沮喪。你的「人生遙控器」好像交給了別人一樣。

三、自我攻擊

一個自我評價低的人總是會自我否定，即使別人沒有否定你，你也會否定自己，總覺得自己做得不夠好。

自我攻擊的程度嚴重的話，甚至會得憂鬱症——憂鬱症就是一種「向內攻擊」的結果。憂鬱症患者的內心總是有一個聲音在批評自己，說自己不夠好、不值得擁有很多東西、做的事情都很爛等等。

當一個人輕度自我攻擊時，會讓自己變得越來越好；但重度的自我攻擊卻會讓整個人陷入一種病態。很多憂鬱症患者甚至因此而放棄生命，一個重要的原因就是自我價值感低。

重新定義自我，改寫人生劇本

如果你是一個自我價值感很低的人，該怎麼辦呢？該如何療癒自己？

方法一、與父母聊一聊

如果你的父母還健在的話，我想請你與你的父母聊一聊，問他們一個問題：

「爸爸／媽媽，在我的印象中，小時候，你們總是覺得我這不夠好、那不夠好。在你們的心目中，我真的那麼差勁嗎？」

當你從一個成人的角度和你的父母聊天時，大多數情況下，你的父母會告訴你一個真相：

他們當年之所以那樣說，只是為了讓你變得更好。其實，在父母的心目中，你一直是一個非常棒的孩子，他們都愛你。挑你的毛病，出發點是為了讓你變得更好。因為在他們眼中，你並沒有完全發揮自己的潛能。所以，並不是你不夠好，而是你還有很多優點沒有表現出來。

當你用一種坦誠的心態與父母對話，你會得到父母對你的一個新的評價。如果你能從與父母的對話中知道這個真相，那你的自我價值感會大大地提升。

方法二、空椅療法

若你的父母已經不在了，或者你的父母就是很挑剔，請你做另外一項功課——完形心理學中的**「空椅療法」**。

首先，請你保證有一個不被旁人打擾的安全空間，否則你可能放不開。

然後，面對面地擺兩張椅子，一張自己坐，想像你的父親或者母親就坐在你前面這張椅子上，你來跟對方做一場對話。把你對父母的抱怨全部說出來。

請你閉上眼睛，想像一下，你的父母就坐在你前面這張椅子上。

你可以問：

「爸爸／媽媽，為什麼你當年對我有那麼多的抱怨和批評，總是覺得我一無是處？在你眼裡，我好像總是不夠好。難道我真的不夠好嗎？難道我真的像你說的那麼差勁嗎？」

之所以這樣做，是創造一個安全的環境，讓潛意識有一個表達的機會，能夠完全釋放你的情緒，把你過去受到的委屈、不滿統統說出來，完完全全地讓情緒得以流露。

當你把所有的情緒、不滿、期待全都訴說完畢，請輕輕地站起來，坐到前面那張空椅子上，想像父母的感受——感受他們的思維模式，想像在那個物質匱乏的年代，他們的價值觀是怎樣的，還要考慮他們所受的教育程度。

你要盡可能地「成為」他們，然後用你的內視覺看著你面前的這張椅子，也就是你剛才坐過的位置，從父母的角度來回應剛才你對他們的抱怨。

當你這樣做的時候，你就能重新從父母的角度，看見當年他們為什麼會給你負面評價。當年，父母批評你也許並不是不愛你，你並不是真的那麼差，他們只是希望你變得更好。站在父母的角度，你會看到很多你原來看不到的真相，當你能看到這個真相時，你就能重塑父母對你的真實評價。

然後，請你從父母的角度重新給自己一個新的評價，告訴自己：

「我很愛你，你很棒，在我心目中，你一直是一個很棒的孩子。雖然你有些地方做得不如人意，但是媽媽／爸爸依然愛你。」

當你願意從這個角度去回答自己的問題時，你會發現，真相原來不是你曾經想的那樣。

以上這兩個方法，就是本章的課後功課。

配得感是增加財富的關鍵因素，除了以上這項功課，還有第二個功課。

現在，請你閉上眼睛，想像你的父母站在你的面前，想像你正看著父母的眼睛，對他們說：

「爸爸媽媽，我今天過得比你們好。」

當你說完這句話的時候，停一停，感受一下你內心的感覺。

如果你是心安的，到此為止就可以了，因為你已經擁有了那份配得感。如果你內心有一種愧疚感，又或者內心感到不安的話，那你就需要處理一下這種感覺，盡快療癒自己。

心理學專家研究發現，一個孩子如果在童年時目睹父母生活的艱辛，出於對父母的忠誠，他會不好意思、也不敢過得比父母好。那該怎麼辦呢？不用擔心，只要你願意，一切都可以療癒。

請你跟著我，在內心默默地念以下這段話：

爸爸／媽媽：

我知道你們當年生活不容易，因為你們生活在一個資源匱乏的年代，你們有很多無能為力的地方。為了讓我過好的生活，你們付出了很多，對此，我十分感激。

我知道，在你們心目中，我總是不夠好。但我知道，你們的正面動機是希望我變得更好。就算是今天，我依然還有許多不夠好的地方，但我同時也有很多優點，並且我是獨一無二的，我是有價值的，我屬於這裡，而且我相信我會越來越好。

我今天生活得比你們好，其中有你們努力的結果。同時，我所處的時代也不一樣了，我比你們幸運，我趕上了一個好時代；更重要的是，我有你們這麼好的父母，所以我今天才能生活得比你們好。

同時，我也知道，我生活得好，也是你們的願望。我生活得更好，你們才會放心、安心。所以，我決定讓我的生活過得越來越好，讓你們以我為榮，以此來報答你們的養育之恩。

無論如何，就憑我的生命來自你們，我也要感謝你們！

當你說完這番話，深深地吸一口氣。當你確認你值得擁有更好的生活時，你可以慢慢睜開眼睛。

美國心理學家薩提爾（Virginia Satir）曾說過：一切沒有療癒的，都會傳遞給你的孩子。你今天之所以配得感不足，很可能是因為你父母也是這樣。如果你不療癒它，這些創傷依然會傳給你的孩子。所以，不僅僅為了自己，同時也為了你所愛的人和愛你的人，你都需要去做這些練習。

除了以上的幾項練習外，我還設計了一項專門提升配得感的心智修練，供大家練習。只要你以微信（WeChat）掃描左方的QR Code，便可以獲得一個心智修練引導音頻。

透過這些練習，你會慢慢地提升自己的配得感。

為了獲得金錢，人們都會去努力，但是對於大多數人來說，努力是沒有結果的。就像一個演員不管多麼努力，都改變不了自己的命運——因為他必須要按照劇本演出。只有劇本改變了，主角的命運才會改變。

我們的人生也像電影一樣，只有改變了劇本，才能改寫我們的人生。自我價值，就是人生劇本的核心，只有重新定義自我，你才能成為一個高配得感的「值錢」的人。

【財富行動指南18】

1 如果父母健在且通情達理，請與父母對話。

2 如果不具備上述條件，或者自己勇氣不足，用「空椅療法」與父母對話。

3 經常用本書提供的「財富心智修練」來練習。

一個人如果不提升「配得感」，就算他再有能力或運氣再好，也無法擁有財富，因為他的潛意識會驅使他躲開財富。

Chapter 19

成為大富之人，先要心中有愛

在「值錢篇」，我們用了四章內容，與大家聊了值錢的人需要有讓錢生錢的能力：發揮你的天賦，你會更值錢；做有收藏價值的事，會讓自己越來越值錢；療癒原生家庭的創傷，提升配得感，讓自己由內而外地值錢。

本章中，我們將進一步就「提升配得感」這一問題展開討論。

中國有句古話：「小富由勤，大富由天。」那麼，這個「天」會讓什麼樣的人獲得財富呢？

為什麼有些人會被財富「追」？

在這裡，我想分享兩個小故事，希望這兩個小故事能讓你更清楚怎樣成為一個值錢的人。

故事一：值大錢的人

第一個故事是關於我最尊敬的一位大師南懷瑾先生的。

南老先生去世之後，他的學生這樣形容老師：「身無分文，富可敵國。官無半職，權傾天下。」從這副對聯中，我們便可以知道，雖然南懷瑾先生沒有多少錢，但是當他真正要用錢的時候，錢會自動來到他的身邊。

一九九二年，南懷瑾先生想建設一條從老家溫州到金華的鐵路，全長兩百五十一公里。這條鐵路對於家鄉的建設是非常重要的。南老先生想為家鄉做點貢獻，可他是一個身無分文的人。但是當他說出自己想建這樣一條鐵路時，錢就從四面八方來了——他的學生及各方力量，一共募集了六千多萬美元善款。到了一九九八年，這條全長兩百五十一公里的鐵路就修建好了。

從這個例子中，我們知道：**一個人的口袋裡不一定有錢，但是當他真正需要錢的時候，錢就會自動來到他身邊。我們把這種人叫做「值大錢的人」。**

當然，像南懷瑾先生這樣的人可以說是鳳毛麟角。很多人會說，自己只是一個普通人。但是，我們要知道，那些偉人在成為偉人之前，也都是普普通通的人。

那麼，對於普通人來說，如何成為值錢的人呢？

故事二：從普通人成為值錢的人

二〇〇九年，在一場飯局上，我認識了一位年輕的心理學者黃偉強，當時他只是一名普通的員工。我清楚地記得在聊到心理行業的發展時，他跟我說：「你們這些做心理的總想幫助別人，可是自己卻活得苦哈哈的。一個自己都沒活好的人，如何去幫助別人？」

他這番話說得很到位，直戳我們的軟肋。他說，自己希望能用網路建一個心理平台，讓心理師能在這個平台上找到自己的案主，他想透過網路來幫助心理師賺更多的錢。只有心理從業人員過上好的生活，才能吸引更多人才加入心理行業，這樣才能真正地推動心理行業的發展。

這一番話深深地打動了我，我被他的情懷所感動。雖然當時的他身無分文，可是我用了差不多兩年的時間來說服他創辦這樣一個平台。所不同的是，我是拿著錢投資他，讓他來創造這麼一個平台，幫助更多的人。

兩年之後，我們終於開始合作，於是便有了今天的「壹心理」。

值大錢的人，有什麼特別的地方？

有些人辛辛苦苦地去追逐金錢，終其一生卻貧困潦倒。但另外一些人卻被金錢追著，好像他們是「天選之子」一樣。那麼，這些看似被老天眷顧的人，都有哪些特點呢？

記得在一次課程中，我為一位四十多歲的莊同學做關於金錢方面的諮商。他告訴我：「我做生意經常失敗，有時候辛辛苦苦掙來的錢會一下子付諸東流。我也換過不少行業，一開始都挺好的，但最後都不成功。所以，我想知道，在掙錢方面，我的觀念和模式是哪裡出了問題？」

我問：「如果你真的變得有錢了，你想做什麼？」

說明一下，我是想透過這個問題來探索他的思維模式，這種問法能讓他在潛意識層面降低對我的抗拒。

他說：「當然是買很多很多東西呀！」

我繼續問：「還有呢？」

我想瞭解他關於金錢的觀念，因為一個人的處事模式是由「觀念」組成的。

他說：「有了錢之後，我就自由啦！我可以吃好的、穿好的、住好的，還可以周遊世界呀！」

我想瞭解他更深層的潛意識。於是，我繼續問：「請你閉上眼睛想像一下，假設你已經擁有了過億的資產，你會用這筆錢去做什麼呢？」

他的答案是：「我會選一個風景秀麗的地方，買一座莊園，應該有好幾百畝吧。要有別墅、泳池、農場，很多人可以去那裡玩。」隨著我的提問，這個神祕而豪華的莊園夢就此揭開了面紗。

然後我問：「那些來你莊園玩的人，他們看你的眼神是什麼呢？」

他說：「當然是驚嘆，甚至有些人會嫉妒我。」

我說：「那當夜深人靜的時候呢？當他們離開之後呢？」

我問這個問題的時候，他沉默了一會兒，說：「晚上的時候，我一個人在房間裡有點孤單，這房子有點空。他們都走了，我有點寂寞。」

我輕輕地問：「你已經擁有了你想擁有的一切，你為什麼還會感到孤單呢？莊先生，好好感受一下這份孤獨感，聆聽它在對你說什麼。你真正想要的到底是什麼呢？」

他說：「家人的陪伴、朋友的支持，還有愛。我想擁有一些真正的朋友，得到他們發自內心的讚嘆。」

我問：「當你擁有了一億，擁有了莊園，擁有了奢華的生活之後，你就真的得到朋友們的讚嘆了嗎？」

「不一定……」他喃喃地說。

這才是關鍵。接下來，我問了一個對他來說，極其重要的問題：

「你憑什麼得到他們對你的讚嘆呢？僅僅是因為你擁有了莊園和財富嗎？」

他久久說不出話來。

當他擁有億萬資產之後，他只想到自己過聲色犬馬的生活，只想到自己一個人過上富足的生活，這樣的人值得別人讚嘆嗎？這樣的人值得別人支持嗎？這樣的人值得別人做他的朋友嗎？這樣的人真的值得擁有金錢嗎？如果你是一個有錢人，你會把錢投資在他身上嗎？

故事講到這裡，莊同學還沒明白自己為什麼賺不到錢。

為什麼像南懷瑾、黃偉強這樣的人，大家願意把錢交給他們呢？對比這個故事，我相信大家都有自己的答案。

南懷瑾先生籌建金溫鐵路，為的是方便大眾；黃偉強創建「壹心理」，心懷的是整個行業。而莊先生渴望擁有金錢，僅僅是為了滿足自己的一己私欲。這樣的人，還有人願意把錢交給他嗎？

我用「位置感知法」請他站起來，走到另外一個位置。我用手指著他剛才坐的地方說：「那裡有位莊先生，他擁有了億萬資產，坐擁豪宅，夜夜笙歌。你是他的朋友，你願意支持、欣賞或者是陪伴他嗎？」

他說：「不會，他剛才談的每一句話都沒有想到朋友，他只想到他自己，他很自私。這樣的人不配得到我的讚賞，不配得到我的支持，我也不會跟這種人做真正的朋友。」

我說：「那你覺得他需要怎樣改變，才能變成有錢人，才能得到朋友的讚賞呢？」

——現在，再回到我們一開始時提到的問題：

「如果你真的變得有錢了，你想做什麼？」

這個問題的答案，可以測試你未來是否可以成為有錢人。

你的答案是什麼呢？是像莊同學一樣只想到了自己，還是像南懷瑾那樣心懷大眾？

一個人只有得到朋友、客戶和社會的支持，才會擁有更多的錢。正所謂「我為人人，人人為我」，當一個人心中有愛，目中有人的時候，錢才會來找他，這樣的人才是值大錢的人。

所以，此刻你可以問自己一個問題：

「當我只想到自己過奢華的生活時，我真的能擁有錢嗎？誰會把錢給我這樣的人？」

一個值錢的人，大概擁有三個特點：
第一，能夠讓錢生錢。
第二，能夠讓錢發揮出更大的價值，為人類、為社會創造更多的價值。
第三，擁有對金錢的配得感。
當你能夠做到這三點，財富就會自動來找你。

【財富行動指南19】

1 為自己許一個宏願，問自己：當我有錢了，我怎樣做，才能讓錢為社會創造更大的價值？

2 花錢的時候，想一想：怎樣花手上的錢，才能創造出最大的社會價值？

當一個人心中有愛，目中有人，錢才會來找他。這樣的人，才是「值大錢」的人。

【行動篇】如何知行合一地創造財富？

Chapter 20 知識容易忘，但能力不會

從本章開始，我們將進入「行動篇」。

回顧之前的內容：

在「理念篇」，我們用了兩章內容，和大家探討了關於錢的基本規律。

在「掙錢篇」，用了六章內容，讓大家知道如何靠自己的能力來賺取第一桶金。

到了「賺錢篇」，我們用了六章內容，讓大家學會如何使自己輕鬆、高效地獲得更多的財富。

在「值錢篇」，我們用了五章內容，讓大家知道如何使自己變得更值錢，吸引錢主動來找你。

透過前面的十九章內容，我相信，你已經知道了很多關於金錢的道理。那麼，從這一章開始，我們要把這些知識變成真正的財富。

為什麼明白那麼多道理，卻活不好這一生？

我從事培訓工作二十三年了，經常會被人問這樣一個問題：「老師，我以前聽的內容很快就忘掉了，怎麼辦？」

我經常對我的學生說：「你們來聽我的課，千萬不要記筆記，因為記筆記是沒有用的。來我這裡學習，重要的不是記住多少知識，而是獲得多少能給你帶來幫助的能力。」

我一直都在強調一個觀點：我不是專家，我是「用家」。專家與「用家」的區別在於：專家擁有很多知識，而**「用家」則是透過行動，把知識變成能力。**

那什麼叫知識、什麼叫能力呢？在這裡，我想藉由分享一個學員的經歷，幫助大家更進一步地理解。

在我的導師團裡，有這樣一位學員，他每次上課都很認真地記筆記。他把筆記一本一本地發到社群裡分享，寫得比我講的還詳細。可是，這位學員上課有個特點，他從來沒有做過練習，我所出的每一項練習，他都沒有做。據說，他自己的課也講得很好，因為他把我講的內容都掌握住了。

但是，很遺憾地，這位同學在課堂上從來不做個案示範，因為他不會做個案示範。也就是說，他講得頭頭是道，但是要真正幫助某些人度過生命中的難關，或者要真正幫助學員改變自己時，他便會束手無策。

這樣的人最多只能稱為「講師」，而不能被稱為「導師」。因為他知道的僅僅是知識，卻沒有幫助學員改變人生的能力。如果這位同學在一段時間內不講課，我想，他很快就會忘掉那些知識。

但是，人生中總有一些東西是忘不掉的，比如說騎自行車。如果你小時候會騎自行車，那麼你現在也一定會騎自行車。就算你已經有二十年沒騎自行車了，現在只要推上一輛自行車，你依然能熟練地騎乘。

騎馬也是一樣。去年，我帶孩子去新疆玩。行程中，我們去了一個叫仙女湖的地方。但是，仙女湖在山頂上，沒有車能上去，最快的方式只有騎馬。

當聽到需要騎馬的時候，我問自己：「你還會騎馬嗎？」

其實，我以前學過一點馬術，因為我家附近有一座馬場，當時我是那個馬場的會員。彼時，我已經有十多年沒騎過馬了，對自己的技術有點懷疑。可是，當我一上到馬背的時候，很快就適應了馬背上的顛簸，順利地騎馬登頂。

這時候，我才知道，原來自己騎馬的能力從來沒有失去，只要我一騎到馬背上，我以前訓練過的方法都會自動發揮出來，這就是一種內化於心、內化於肌肉記憶的能力。

能力和知識是完全不一樣的。

知識僅僅是記錄在大腦裡的資料，一段時間之後就會忘記。但是，一旦你掌握了某種能力，你一輩子都不會忘記，因為這種能力已經儲存在你身體的每一個細胞裡。

要把學到的知識，變成能力

那如何才能把知識變成能力呢？在這裡，我想和大家分享一個很有趣的小故事。透過這個故事，你就會明白，為什麼很多人知道了那麼多道理，卻仍然過不好這一生。

有一隻烏鴉覺得自己的羽毛黑漆漆的，很難看。牠非常羨慕孔雀，很想變得和孔雀一樣五彩斑斕。於是，牠想到一個方法，牠到孔雀出沒的地方，把孔雀掉到地上的羽毛一根一根地撿起來，然後插到自己的身上。很快地，牠就變成了一隻和孔雀一樣漂亮的鳥了。牠非常得意，覺得自己不再是烏鴉了。於是，牠走到孔雀群裡跟孔雀一起生活。但是，很快牠的「真面目」就被其他孔雀發現了。孔雀們把牠身上那些撿來的羽毛一根一根拔下來，並把牠趕出了孔雀群。

這隻烏鴉被趕走之後，又回到自己的同類那裡去。牠的同類取笑牠說：「你不是孔雀嗎？來我們這裡做什麼？」

可憐的烏鴉在孔雀群裡待不下去，在烏鴉群裡也無立足之地，只好躲在某一個角落裡過完孤

獨的一生。而為了證明自己生而不凡，在面對其他鳥類時，牠總會驕傲地宣稱：自己是「神鳥」。

這個故事是不是有似曾相識的感覺？

在現實生活裡，你是否見過這樣的人：他們學了一兩門課程後，自以為滿腹學識，便不願意再和原來所屬群體的人相處了。但是，他與那些真正有能力的人也相處不來，最後只能獨來獨往。當然他們還美其名曰：「我就是喜歡獨處，我不喜歡跟其他人生活。」其實，這僅僅是對無奈處境的一種合理化解釋而已。

如果你僅僅是看書，就像那隻插上了很多漂亮羽毛的烏鴉一樣。那些死記硬背得來的知識，其實並不是你的。我跟你講了關於財富的許多知識，你懂了很多關於財富的道理，但是如果你不完成我留給你的功課，那這些方法對你毫無用處。因為這些知識就像插在你身上的絢麗羽毛一樣，除了滿足你的虛榮心外，對你並無實際用處。

怎樣才能有用呢？**唯一的辦法就是發自內心地「長出真正的、漂亮的羽毛」。**

看完這個故事，也許你心中會有一種刺痛感。我希望經過這種刺痛來幫助你改變。如果不痛，一個人是不會改變的。

知行合一，才能創造財富

心學大師王陽明有一個觀點，叫「知行合一」。也就是說，知和行是一體的。他還有一個觀點是：「知而不行，只因未知」，意思是如果你知道了而不去行動，其實還是一種無知。

從心理學的角度來說，知識有不同的層次，一種是大腦淺層次的認知，一種是深層的、潛意識的認知。

如果有人告訴你蘋果是甜的，你就知道蘋果是甜的——這是大腦意識層面的認知，也是最淺表層面的認知。

但是當你真正吃過蘋果後，你身體的每一個細胞都感受過蘋果的味道時，這才是深層的、內化於潛意識的認知。若你喜歡這種味道，你不需要任何人推動你，自然會產生想吃蘋果的這種行為，這就叫「知行合一」。

所以，要想改變自己，僅僅具備淺層的認知是沒有用的，我們必須要促進潛意識層面的認知。

再舉一個簡單的例子，當別人告訴你運動有利於健康，你的大腦是知道的，這種知道叫做淺層次的知道。但是，你的內心也許還有一個聲音：「為什麼烏龜一動不動能活千年呢？」當你內心的這個聲音與大腦中的聲音產生排斥的時候，這個聲音就進不到你的內在。於是，即使你知道運動有利於健康，也不會去運動，因為你並不曉得內心深處還有一個聲音，叫做「烏龜一動不動能活千年」——這個潛意識的聲音，才是真正推動你行動的那個聲音。

那怎樣才能把「烏龜一動不動活千年」的聲音，變成「運動有利於健康」的潛意識聲音呢？很簡單，只有當你在運動的過程中，享受過運動給你帶來的好處，你感受到自己的身體越來越輕鬆、越來越有活力了，並能從運動中得到某種成就感或快感，那麼，這個聲音就能完全覆蓋原來那個深層的聲音。

也就是說，**當你體驗過了，你的深層潛意識才能真正地知道；當你的深層潛意識知道了，你才會將其變成行動。**

這就是王陽明所說的「知行合一」——不僅大腦潛意識知道，內心深層的潛意識也知道。

怎麼區分這兩種知道呢？很簡單，**如果僅僅是大腦知道的人，他會問「怎麼辦」。一個只會問「怎麼辦」的人，他並不是真正知道。**

我經常會舉這樣一個例子。

如果你問我怎樣才能走出這間房子，我告訴你那裡有一扇門，你就會從那扇門走出去，因為你曾經走過無數道門。門，對你並不僅僅是知識。

然而，假設有一個人從來沒有穿過門，也從來不知道門是什麼，他被困在一間房子裡面。

此時，我告訴他：「那裡有門，你可以從門走出去。」他就會問我：「我知道那裡有門，可是我怎樣才能從門走出去呢？」

我相信，沒有人會問這麼愚蠢的問題，因為沒有人是沒有走過門的。但是在生活裡卻有太多類似的問題，只是一般人聽不出其中的無知罷了。

比如：

你告訴一個人，學習可以改變命運，他會問你：「我知道啊。然後怎麼改變呢？」

你告訴一個人，運動有利於健康，他會問你：「我知道啊。可是我怎樣才能做到？」

你告訴一個人，改變思想就可以改變世界，他會問你：「我知道啊。可是怎麼改？」

一個知道了門在哪裡，依然會問怎樣才能打開門走出去的人，一定是沒有打開門走出去經驗的人。同樣地，一個會問你怎麼做的人，一定是還沒有做過某種嘗試的人。面對這樣的人，你該怎麼辦？**唯一的方法就是「行動」！**

只有當你在嘗試的過程中，體會到行動帶給你的成就感和快感時，你才不會問我該怎麼做。如果你還問這句話，說明你根本就沒有真正明白這些道理。你所曉得的僅僅是一種淺層次的知道，就像別人告訴你蘋果是甜的一樣——只有你親口嘗過蘋果，才真正知道蘋果的甜是一種怎樣的味道。

財富也是一樣。如果我告訴你做某件事情，一週之內你能賺到一萬元，你不會行動，因為你並不相信。但假使你真的嘗試過一次，真的賺了一萬元，你就不會再問該怎麼辦了，因為這時候你已經在行動了——這就是「知行合一」。

想要做到真正的知行合一，唯一的方法就是行動。

「實踐是檢驗真理的唯一標準」，觀念決定行動，行動才能創造結果。當你真正要改變內在的觀念時，每當你聽到一個新的觀點，都必須透過你的行動，親自去印證。

想要切實地改變觀念，並不是僅僅知道道理，還要親自去落實。對於一般人來說，我們需要的是透過有意識地體驗一些東西，進而把知識變成行動。

如果你不把知識變成行動，即使你懂得再多，你還是原來的那個你，誰都幫不上你。

【財富行動指南20】

1回顧前十九章的內容，將「財富行動指南」認真梳理一遍。只有做過了，你才能真正把知識變成能力，才能創造出真正屬於自己的成果。

2如果你想變成有錢人，並不是坐在家裡想一想，天上就能掉餡餅。只有透過實踐，才能創造出更多的財富。

Key 20

想要做到真正的知行合一，唯一的方法就是「行動」。

Chapter 21

改變命運的關鍵：情緒與覺知

要知道一顆蘋果的味道，唯一的方法就是去咬一口。聽別人說蘋果是甜的，那不是「真知」。只有自己咬一口，體驗到蘋果是甜的，才是真知。

可是，有些人連咬一口蘋果的勁都提不起來，該怎麼辦呢？如何才能把有用的知識變成行動，讓行動為我們創造財富呢？

改變的原動力在哪裡？

為什麼有的人能夠輕易就採取行動改變，而有的人卻遲遲邁不出第一步？

我曾經做過一個個案，來訪者是一位女士。這位女士是中年企業家，她的事業相當成功。但是，很不幸地，她有一個非常懶惰的丈夫。他在家裡什麼事情都不做，整天只顧著打遊戲、上網聊天、打撲克、打麻將……

她的先生是一家大型集團公司的中層管理人員，她總覺得先生不求上進，因為工作相當輕鬆，但是他在業餘時間既不看書，也不上課進修。這名女士非常生氣，她很想改變他，讓他像自己一樣願意學習，變成一個好學上進的人。

通常，這樣的個案我是不接的。因為她一開始就告訴我，她來做諮商的目的不是改變自己，而是改變她的先生。當事人不是她自己，我就算再有能力也無法做到「隔山打牛」。但是，既然她來找我了，我還是大概瞭解了一下情況。透過交流，我才知道，這位女士真的非常成功，她擁有自己的企業，做事也非常主動。當然，她不光事業成功，家裡也打理得井井有條。在這樣一個家庭裡，她的先生在家裡也沒有什麼事情好做的，就只能做一些自己喜歡的事情。

我想，你從旁觀者的角度已經看出了一些端倪——妻子裡裡外外都打理得很好，那先生就沒什麼事可以做了，處於一個很安逸的狀態。

但是，從妻子的角度來看，她希望先生能有所改變。多年來，她用各種手段逼著先生成長，但是毫無效果。

為什麼這位先生被妻子逼迫了這麼多年，都不願意改變？也許是因為自身工作順遂，沒有職場壓力、中年危機；也許是因為妻子優秀、家庭溫馨，內在安全感富足。總之在外人眼裡，這位女士的先生實實在在沒有改變的迫切性。

接下來，我再和大家分享一個不用逼自己主動改變的故事。

一天晚上，我和幾個好朋友在吃飯的時候喝了點酒。借著酒力，其中一位朋友跟我說：「團長，說實在的，十幾年前剛認識你的時候，我真看不上你。因為那個時候的你雖然出來講課了，但水準真的很一般。但是今天，你真的讓我刮目相看！」

他接著說：「團長，我其實很佩服你，因為你每一年都在進步。」

的確，這個朋友說的話並不誇張，因為前半生我一直都在不斷地學習。我經常說，我是一個終身學習者。所以，經常會聽到朋友們對我說：「團長，你變了。」是的，我變了，因為我是一個主動改變自己的人。

為什麼我能不斷地改變呢？這背後有一段讓人心酸的故事。

我是我們村裡第一個考上大學的人。這本來是一件很值得高興的事，但是當我拿到錄取通知書的時候，我的父親哭了。在我的印象中，父親一直是一個非常樂觀的人，我這輩子只看到他流過一次眼淚，就是在我拿到大學錄取通知書之後。他在一個角落裡一邊抽著菸、一邊流淚。

因為當時家裡非常窮，父親沒有錢供我讀大學。他問遍了村裡稍微有點錢的人，想借錢籌集我的學費和生活費。可惜的是，他處處碰壁，只能在家裡難過地落淚。

當時，我也非常難過。從那一刻開始，我發誓一定要改變這種貧窮落後的狀況。每當想起父親流淚的畫面，我的內心都會有一種力量，這種力量始終作為一種深層的動力激勵著我。我不想讓我的父親繼續過這種艱難的生活，我也不想讓自己的孩子在有機會接受好的教育時，像父親那樣窘迫、無能為力。

這就是我內心的最大動力，它一直存在於我的前半生中。所以，我的行動力一直都非常強。

如何才能讓人生出現轉折？

然而，有些人是被人逼著行動，就算一開始去做了，也不會持久。我們看到很多的孩子大學畢業之後一直在「啃老」，過著不思進取的日子。可是，另一些人卻不斷拚搏，衝破一個又一個人生難關。這其中究竟有什麼規律和祕密呢？

心理學專家研究發現，人生出現轉折的情況有三種，即人在這三種情況下，最容易發生改變。

第一種：天災人禍

比如經歷過地震、車禍或者大病等。

發生這些意外之後，人的觀念往往會發生很大的改變。李開復先生在前幾年很不幸得了癌症。他在得病之前就是一個非常熱愛工作的人，多年來，他一直把大部分時間都放在工作上。當然，他內心也知道要多花點時間陪伴家人，但就是做不到。

直到一場大病來襲，和死神交手之後，他的人生觀才發生了重大改變。

第二種：福從天降

比如有些人懶散慣了，但有一天妻子生下了一個胖小子，這個人開始有了一種家庭責任感。然後，他就會勤奮工作，渴望給家人帶來更好的生活。

這樣的事情還有很多，比如說一個人娶了一個好老婆，或嫁了個好老公，甚至是中了大獎，這些福從天降的事情也會改寫一個人的人生。

第三種：良師點悟

這種情況就是，你遇到了一個能指點你未來的人。

我的前半生之所以能不斷改變，其中一個原因就是我得到過很多良師的點撥。從事心理學教育二十多年來，我學習了數不清的課程，被各種流派的大師教導。有一些大師的教導讓我痛哭流涕，甚至痛不欲生，但過後我都覺得自己收穫很多。

當然，名師點悟的方法有千萬種，但我發現其中一種很有效的方法就是「看見」。看見，或者叫「覺察」。傳統的覺察並不容易做到，雖然大多數人都聽過「覺察」這個詞，但並不是每個人都知道如何運用覺察來提升自己。所以，我想從另一個角度把這個方法變得簡單易行。

比如，一個人的頭髮亂了，如果你告訴他：「你的頭髮很醜，需要改變。」他一定會回你說：「你才醜呢，我就喜歡這樣的髮型，怎麼樣？」

為什麼會這樣呢？因為每一個人都想證明自己是對的，沒有人願意承認自己是錯的，除了那些覺悟者。所以，人往往不願意被別人要求改變。

那怎麼讓那個頭髮亂糟糟的人主動改變自己？很簡單，你只需要拿一面鏡子給他看看。當他看到自己凌亂的頭髮時，自然會去整理自己的頭髮——這就是「看見」的力量。

請你想像這樣一個場景：一個人不小心坐到沙發上，沒看見沙發上有一把鋒利的水果刀，結果被刺傷了，鮮血直流。於是，他便把所有的氣都發在這把刀上，把刀扔進垃圾桶還沒消氣，痛罵了這把刀半個小時。

當你聽我講這個故事時，是不是覺得這個人很荒唐？其實，這個人就是你我；那把水果刀就是我們的習慣，心理學專家把它稱為「模式」。

水果刀之所以會傷害到你，並不是刀的錯，這把刀曾經無數次幫助過你，你卻把它扔掉，而且還痛罵它，你站在刀的立場感受一下，是不是很冤枉？

生活中的習慣模式也一樣。你之所以會形成這樣的模式，一定是在過去的人生中，這些模式曾經幫助過你，就像那把幫助過你的水果刀。也就是說，那些你不喜歡的、想改變的模式，曾經對你是有用的。既然是有用的，你不感謝它，還跟它對抗，豈不是一件十分愚蠢的事情嗎？

如何才能改變呢？如何才能不受這些過去的模式限制呢？如何才能換一種活法，過上富足的生活呢？

就像如何才能避免被水果刀傷害一樣，只要你能看見它，你就會選擇把它從沙發上拿起來，放到安全的位置。這樣，當你下次需要使用的時候，它仍然可以幫助你。這就是心理學中的「覺察」，也就是我所提過的「看見」。當你能夠看見，你就可以重新選擇，這樣你就自由了。

就算是真有一些所謂「不好」的模式，既然你能看見它，自然就能覺察它、迴避它。

所以，唯有內在的覺知，才能令人做出改變。改變，其實是看見之後的重新選擇。

雞蛋由內而外被打破是生命，由外而內被打破是食物。人生的改變來自主動的選擇，而不是被動地接受。

所以，**由內而外的改變，才是真正的改變；由外而內的改變往往是被迫的，這樣的改變往往是一種死氣沉沉的改變，或者是摧毀性的改變。**

改變人生的祕密

在前文的三種改變中，前兩種都有一個共同的規律：**高強度的情緒參與。**心理學專家研究發現，一個人觀念的形成，一般都會伴隨著高強度的情緒。這些情緒會把觀念牢牢地「包裹」住。所以，我們想要改變某種觀念，就必須釋放自己的情緒。當情緒得到釋放之後，觀念才會發生「鬆動」。

很多心理治療流派在改變一個人的時候，總是透過同理的手法，讓諮商對象釋放情緒，當他釋放了情緒之後，觀念就開始鬆動了。這個時候，心理師才能夠進入他的潛意識，改變就變得易如反掌了。

而第三種改變的關鍵是「看見」。要真正做到改變，必須滿足兩個條件：

第一，釋放情緒。

第二，讓當事人看見自己的模式，然後重新選擇。

有句話叫「痛改前非」，意思是痛夠了，你才會改變。就像我一想到父親的辛酸，就下定決心要努力一樣。所以，如果你今天還不願意改變，那很可能是過往的經歷並沒有讓你感到痛苦。只有你內心的痛苦被觸動了，你釋放了某種高度的情緒，你才會真正地改變。

在此，我要介紹一個具體的方法。這個方法很簡單：

找一個夜深人靜的夜晚痛哭一場，想想那些跟錢有關的記憶中，出現的種種困難。

當然，人都是有惰性的，不願意輕易去感受痛苦。一旦碰到痛苦，大多數時候都想著逃避，藉著酒精或者其他東西麻醉自己。因此，請你有意識地做這個練習。在夜深人靜的時候，給自己一個碰觸痛苦的機會。讓那些和錢有關的痛苦經歷，像放電影一樣在腦海裡一幕一幕地展現，允許淚水洗刷你的記憶，將深藏內心的情緒都釋放出來。

當你的情緒得到了釋放之後，你可以問問自己：

- **是什麼樣的想法，導致了我人生的苦難？**

這時候，你就能看見自己內心的想法。如果你能看見過去的那個想法是多麼的愚蠢，你就會換一個想法，也就是建立一種新的觀念。

看見，才能重新選擇！在情緒得到釋放之後，這個新的觀念就會根植在你深層的潛意識，指導你的行動，進而改變你的一生。

一個人如果不願意接受痛苦，就會找很多理由來安慰自己，這其實是一個自我欺騙的過程。而當你讓自己盡情地哭一場的時候，就能看見內在真正的自己。

當你能看見了，你就無須證明自己是對的，你可以隨意重新選擇。當你能夠真正釋放自己的情緒，重新選擇就是一件順其自然的事情。當然，如果你無法讓情緒得到釋放，所謂的重新選擇很可能是一種自我欺騙式的「合理化」。

勇敢地去接觸那些痛苦，當你能真正接受那些痛苦時，你就會看見很多原來你看不見的東西。當你真正痛了，你一定會有全新的動力，一定會讓你的人生有一個非常大的變化。當然，如果你願意找一位受過訓練的專業心理師來幫助自己，你的改變會更加徹底。

有句話是：「如果不是曾經的匱乏，又何必讓自己才華橫溢呢？」事情往往是有兩面性的，就好像只有蹲下來，你才可以跳得更高。同樣地，只有經歷過痛苦，你才能深深地體會到幸福的味道。

如果你暫時無法獲得幸福，無法擁有富足的生活，我希望你能充分地去感受你的痛苦。若你願意真真切切地感受你的痛苦，相信這些痛苦就會變成你未來的財富。

【財富行動指南21】

1找一個私密的空間，選一個夜深人靜的夜晚，回憶種種與「錢」有關的人生苦難，讓自己痛哭一場。

2釋放情緒後，察覺情緒下面的觀念，是什麼觀念導致種種人生苦難。看見後，你才能重新選擇。

3建立新的觀念。

唯有內在的覺知才能令一個人做出改變。改變，是「看見」之後的重新選擇。

Chapter 22

拆掉阻擋財富的牆

王陽明說：「知而不行，只因未知。」一旦我們知道了有關財富的知識，自然會付諸行動。在之前的內容中，我們探討了如何透過體驗獲得真知，又講了如何經由釋放情緒獲得真知。本章中，我們將繼續在「情緒」這個層面探索真知，因為只有穿越各種情緒「迷障」，你才能深入自己的潛意識。因為只有在潛意識層面的「知」，才是真正的「知」。

敢於邁出第一步

電影《飛越杜鵑窩》中，有一句非常經典的台詞：「你們一直抱怨這個地方，卻沒有勇氣走出這裡。」這種情況在我們的生活中比比皆是。

絕大多數人都心懷夢想，但只有極少數的人敢於邁出第一步。所以，對大多數人而言，夢想永遠都是夢想。

多年來，我一直致力於發掘和投資一些優質的心理學課程。幾年前，我接觸到了一個非常小眾的美國心理學流派，學習後，覺得受益匪淺，於是便想引進國內並推廣，期望能夠幫助更多的人。只是，這個美好的願望，卻卡在了這個案子在中國的推廣人A君身上。

A君負責這門課程在中國的主要推廣工作，但他的本職工作不是這個，而是一家企業的在職員工。工作占用了他的大部分精力，所以他只能用很少的時間來做課程的推廣。可是，如果放棄這份穩定的工作，全心投入課程的推廣，他又做不到，因為他不敢放棄在企業累積了多年的福利，也不確定自己一旦「破釜沉舟」後，結果會怎樣。

所以，這麼多年過去了，這堂課的反應一直都是不冷不熱的。我不希望這麼好的一門課就這樣被浪費了，於是每年都與他見面。以我的判斷，他只用了很少時間就做到了現在的效果，如果拚盡全力去推廣的話，這門課程一定會有非常好的影響。但是，他每次都很為難和糾結，一方面不甘心只拿一份死薪水，另一方面又心懷恐懼，不確定是不是能打開一片市場，不確定自己能不能接受最差的結果，不確定自己是不是做了對的選擇……於是，我們的合作就這麼擱置了。

看完這個故事，你有什麼感受？**你是否也有一些夢想，多年過去了，依然還只是夢想？究竟是什麼拖住了你實現夢想的腳步呢？**

這讓我想起了自己小時候的經歷。

我的家鄉有一條清澈的小河，每當夏天來臨時，就有很多孩子在河裡嬉戲打鬧、捉魚、抓蝦。那時，我還小，每當看到玩伴們在河裡玩耍，就感到很不是滋味，因為我不會游泳，而且我也不能去學游泳。

為什麼會這樣？因為我媽媽擔心我下水會不安全。在農村的河流、水庫附近，每幾年都會發生小孩溺亡的事件。就像我們時不時會在街上或新聞中看到的交通意外，但是並沒有阻止大家每天都開車上班一樣，其實，這種慘劇發生的機率並不高，但我媽媽還是很擔心。她為了避免這種危險，一直不允許我去河邊玩，更不要說學游泳了。

我一直很聽話。直到國中「叛逆」時，漸漸脫離媽媽的「管控」，才背著她悄悄學會了游泳。從此，我內心中對水的恐懼也逐漸消失了。

在這兩個故事中，**那些我們不敢嘗試的行為，都與「恐懼」這種情緒有關。但是，恐懼到底是怎麼影響我們人生的呢？**

砌牆：恐懼讓我們自我囚禁

恐懼是對危險產生的一種本能反應，是一種求生存的保護機制。恐懼會使我們遠離危險，確保安全。比如，我們看到蛇會恐懼，趕快躲開才能保證生命不受威脅。如果沒有了恐懼，人類就少了很多生存的可能性。

但是，事物往往有兩面性，恐懼在保護我們的同時，也會令我們退縮。它會讓我們為了自保，砌起一堵堵高牆，把自己侷限在一個窄小的空間裡。

為了獲得生存的安全，人們會修建各種各樣的牆壁來保護自己。比如，我們的祖先修建萬里長城是為了對外抵禦北方遊牧民族的入侵，對內鞏固王朝的統治，安定社會。現在雖然不會有哪個國家靠修建長城來抵禦入侵，但也會在邊境築牆，比如，曾引起過巨大爭議的美墨邊境牆，修建的初衷就是為了控制美國不斷增多的非法移民。

這是國與國之間的大事，其實我們普通人也會築牆。比如修建房屋，有瓦遮頭就能避免淒風冷雨的侵襲。

不過，這些都是看得見的牆。

在生活中，我們還為自己豎起過很多看不見的牆。

比如，前文故事中的A君不願冒風險，雖然心懷夢想，卻依舊滿懷不甘地度日。還有一些人一直不願意結婚，是因為曾經在與異性交往的過程中受到過傷害，於是選擇不再接受下一段感情。

人們會因為內在對某些事物的恐懼，選擇砌起一堵一堵有形或無形的牆，來保護自己的安全。就好像「囚」這個字，囚是「人」字外面有一個框，也就是說一旦讓自己活在一個框架裡，就會畫地為牢，自我設限。所以，並不是犯罪進了牢房才是「囚」。當一個人由於安全的需要把自己固化在有限的空間裡，也是一種「囚」的狀態。

是誰把你囚禁在牢籠裡？

自我囚禁的力量，說到底，就是你的「恐懼」。

適當的恐懼會讓我們遠離危險，然而一旦過度，就會使人畫地為牢，困住自己向外突破的腳步。

拆牆：尋找自己的安全感

牆，確實可以保護我們的安全。但是在保護我們安全的同時，也會阻斷我們與他人和世界的連結。

所以，在我們內心的安全感足夠時，就需要主動拆掉一些「看不見的牆」，以獲得更大的心理空間。

當我們的內心有一股動力在蠢蠢欲動時，就會產生拆牆的力量。拆掉禁錮自己的牆，你才能展翅高飛，實現你的夢想。**這兩股能量是矛盾且衝突的，人生空間的大小，其實就是這兩股能量博弈的結果。**

拆牆的力量大，你的世界就會擴大；砌牆的力量大，你的世界就會縮小。究竟誰占上風，取決於一種主觀的感受——你的「安全感」。當你的安全感足夠時，拆牆的力量就會占上風，你便能穿越恐懼，突破自己。當你安全感不足時，你的恐懼感就會主宰你的人生，砌牆的力量就會強，甚至成為你生命的全部。

那我們安全感不足、感到恐懼時，怎樣才能突破呢？在這裡和大家分享兩個故事。

●●

第一個故事發生在十多年前，我的一個學員是一位眾人豔羨的「鑽石王老五」——還不到四十歲，就擁有多家企業，住進了珠江畔的江景豪宅。但就是這樣一位事業有成的男士卻一直沒有結婚。

在課程中，他做了一次個案示範，回到了很小的時候。那時，他父母的婚姻已經破碎了，在離婚時，兩個人因為財產的事情爭得面紅耳赤，連一卷衛生紙都要分得清清楚楚。父母為金錢大動干戈的景象，在他幼小的心靈裡留下陰影，而這道陰影也讓他在內心深處對婚姻充滿了恐懼。

當他和心儀的女士談婚論嫁時，總會忍不住想：「她到底是圖我的錢？還是愛我的人？萬一有一天合不來，她是不是也要分我一半家產？……」

這麼多年來，他一直在婚姻的門口打轉，一方面渴望擁有溫暖的家庭，一方面又想到分財產時的劍拔弩張。於是每次到快結婚的時候，他都會製造各種狀況來阻止自己走進婚姻殿堂。後來，經過課堂的療癒，他過去的創傷逐漸癒合，再見到他的時候，他已帶著太太和孩子來上課了。

如果你想從現在的窄小空間，進去一個你渴望走入的更大空間，卻心懷恐懼的話，可以選擇先療癒自己的創傷。任何傷害都是會痛的，然而，若你選擇去觸碰它，就能看到每一個創傷底下，都有一份等待開發的寶藏。

第二個故事是一位女士的個案。因為怕「鬼」，她從小就非常害怕一個人待著，感覺衣櫃裡有「鬼」，這一怕就持續了三十多年。

我引導她進入催眠狀態後，把手放在她的身後，陪她一起打開衣櫃，去看看這個「鬼」到底長什麼樣子。

當時，她非常恐懼，全身都在顫抖。在打開衣櫃時，她「啊」地大叫了一聲，把全場同學都嚇了一跳。在我的鼓勵下，她睜開眼睛去看的時候卻笑了——原來，那個「鬼」就是她自己。

人生中的大多數恐懼，都是我們自己想像出來的，僅僅是自己嚇自己而已。要想戳破這些恐懼的幻覺，就要大膽嘗試。

第二個故事告訴我們，要用行動去打破這份恐懼。只要你勇敢地邁出第一步，就會從一個舒適空間走向一個陌生的空間，直到徹底突破以往的生活。

當你邁出第一步時，你的身體就有足夠的力量因應可能發生的情況。你遠比想像中更強大，你可以不相信我，但不能不相信全人類進化的結果——人類從茹毛飲血到如今的高度現代化，其中的**每個進步都是突破自我限制的結果。**

試想，當你吃下一口蘋果，兩個小時後，它就會轉化成各種營養成分，進而成為你身體的一部分。有什麼機器能做到這一點呢？請相信，人，這部進化了幾十萬年的「機器」，已經讓你的身體擁有因應變化的足夠能力。

就像一部智慧型手機，一般人只使用了百分之五的功能，還有百分之九十五的功能被浪費，你也不例外。只要你開始用各種方法因應新環境裡的變化，就一定會在突破的過程中，感受到生命的無窮樂趣。

你所害怕的地方，一定會有一堵無形的牆。只有拆掉這堵牆，你才有可能走向更大的世界。所以，如果你不甘心過現有的生活，最簡單的方法就是：怕什麼，就去做什麼——當然，必須是在符合法律法規和倫理道德的前提下嘗試突破。

人生本就是一個不確定的過程，只要生命還在，所有發生的事情就都是一種成長。正所謂「每一個不曾起舞的日子，都是對生命的辜負」。時間的車輪滾滾向前，永遠不變的只有改變。我們不如放手一搏，讓自己擁有更多的可能！

【財富行動指南22】

1 檢視一下你曾經的夢想，看看那些夢想之所以還是夢想，是因為你在恐懼什麼。

2 去找一件自己害怕的事，並大膽嘗試突破。

3 找心理師做一次諮商，療癒內在的創傷。要知道，每一道創傷底下，都埋藏著一份寶藏。

適當的恐懼，會讓我們遠離危險。然而一旦過度，就會使人畫地為牢，困住自己向外突破的腳步。

Chapter 23

如何實現財富新突破？

我們透過對恐懼這種情緒的瞭解，看清了阻礙我們突破自我的深層原因。

現在，我們還需要從廣度上，探索更多真知——很多時候，我們所謂的「知」，僅僅是片面的「知」，只有從更高、更廣的層次上看問題，才有可能獲得真正的「知」。

避免以偏概全地看問題

我曾經接過這樣一個案子——

劉先生出身於農村，家裡就兄弟兩個，他是弟弟。

他早年離開家鄉，在外打拚，哥哥則一直生活在鄉下。鄉下生活很是清貧，所以他經常在經濟上資助哥哥。最近幾年，憑著自己的努力，他的企業越做越大，生活也越來越好，房子換了，車子也換了。哥哥看到他的這些變化，一方面為弟弟高興，一方面提出的要求也越來越多。

一開始，劉先生會盡量滿足哥哥的需要，因為自己富裕了，多支持一下哥哥也是應該的。但是，漸漸地，哥哥的要求越來越難滿足。有時候，劉先生不得不拒絕哥哥的某些要求，哥哥的不滿就一點一點地累積了下來。

有一年，劉先生的女兒出嫁。因為時間緊迫，他沒有親自去請哥哥喝喜酒。這一回，哥哥終於爆發了，到處向人抱怨說弟弟心中沒有他這個哥哥。更讓他氣憤的是，清明節掃墓時，他居然當著家族所有成員的面，在祖墳前數落劉先生，說劉先生沒良心，只顧自己享受，心中沒有親情。

多年的付出換來這樣的抱怨，劉先生心中的委屈多過氣惱。他和哥哥大吵了一架，並說：「從此以後，兄弟倆橋歸橋，路歸路！」他下定決心，不再理會哥哥的任何請求。

哥哥得了多年的好處，卻絲毫沒有感恩，心裡只有怨恨。實際上，在這個例子中，哥哥只看到自己沒有實現的訴求，而沒有看清自己的侷限性——即使再親密的關係，也應建立在相互對等的基礎上，弟弟不可能事事滿足自己的需求。

突破有限的認知，看清事實真相

「盲人摸象」這個故事可謂家喻戶曉，我們也都明白這個道理：當一個人執著於自己有限的認知時，就會故步自封，認為自己現在所處的位置才是對的。這樣的話，又怎能邁出改變的第一步呢？

我們只有看清自己的有限，承認自己的無知，提升自己的層次，才有可能真正看清真相。當你能看清真相時，根本不需要任何人推你去行動。

那麼，如何才能從「無知」到「覺知」呢？

智慧源於多角度的視野，只有從更高、更廣的層次去「看見」，才有可能發現真相。發現真相，是一個人修心的過程，也是心理治療的基本原則。

拿我自己來說，母親為了我的安全不讓我游泳，其實不僅如此，在我小時候，母親對我管教極嚴，讓我感到十分難受。所以，長大後，我對母親總有一種叛逆心理。在內心深處，也總是對她有一種隱隱約約的抱怨情緒。

有一次，我和一位朋友聊天，她問我家裡有幾個兄弟姊妹。我告訴她我只有一個姊姊。她很好奇地問我：「你爸媽怎麼不多生幾個？」

我告訴她，據我所知，我母親還生了好幾個孩子，但是都沒有養大。因為那個年代的醫療條件落後，所以，我的好幾個兄弟姊妹都夭折了。

當她瞭解到這種情況後，對我說：「你能感受到你母親的痛苦嗎？那個年代的婦女生了那麼多孩子都沒養大。所以，你媽才會把所有的希望都寄託在你身上啊！」

聽她這麼一說，我突然理解我媽為什麼對我管教那麼嚴格了。那一刻，我突然看到了事情的另一面。那一刻，我對母親的所有抱怨都煙消雲散了，從心裡湧上來的是滿滿的感恩，甚至是愧疚。

我無法讓每一個人看清真相，因為那是你人生修練的功課。

但我可以告訴你一個看清真相的方法：**當一個人看不清真相，處於無知狀態時，通常會有一種抱怨情緒——因為你太在乎自己的情緒了。然而，若你能看清真相，哪怕只看清那麼一點點，內心就會充滿感恩。**

所以，「抱怨」與「感恩」這兩種情緒，有助於你判斷自己是無知，還是覺知。

神經科學家與心理學家研究發現，容易抱怨的人很容易按照消極的方式行事。

情緒有一定的感染性，在聽到抱怨與牢騷時，我們在大腦中容易產生共鳴，也會出現一些不良的情緒，影響大腦的思考。更糟糕的是，長時間處在抱怨的情緒中，還會使人變得愚蠢和麻木。

感恩是對已經擁有的表示感謝。能感恩，至少表示你已經看到了你擁有的東西。感恩，也是一種最好的意識轉換方法，感謝你得到的，而不是抱怨你未得到的。當你懂得感恩自己所得到的，你得到的就會越來越多。相反地，當你始終覺得自己的所得抵不上付出時，你已經得到的都可能失去。

感恩無關宗教信仰，是人的一種高能量的意識形態。真正意義上的感恩，就是對自己所擁有的一切深懷感激。想要得到更多，一定要從感恩所擁有的一切開始。

從「崩潰」到「突破」

如果你看不到真相，你會誤解命運送給你的禮物。有時候，命運會把禮物包裝得很難看，然後送到你的面前——若你覺察不到這一點，往往會錯失生命中真正重要的禮物。

對全世界的人來說，二〇二〇年的春天過得比以往任何一個春天都艱難。一場突如其來的COVID-19肺炎疫情打亂了所有人的生活節奏。企業停產、學校停課、商場停業……原本美好的一切都被突如其來的疫情打斷。這就像你在原本的軌道走著，突然路沒了，一腳踏空，恐慌、失措……這種感覺簡直讓人崩潰。

面對突如其來的變化，面對熟悉的生活常態被打破，除了崩潰，還可以做些什麼呢？

我也經歷過「計畫趕不上變化」的艱難時刻。

我在一九九七年開始進入教育培訓行業。從一九九七年至二〇〇一年的這五年間，我的公司只用心經營一位導師，把所有的資源都用在他的課程推廣上，所有的無形資產也落在他的名下。這位導師從最初名氣平平到聲名鵲起時，卻突然提出要終止合約。

至今，我還清楚地記得，那一年，九月的廣州依然酷熱難當，但是當那位導師說要離開時，我從頭到腳都是冰涼的。這種感覺不亞於一個熱戀了幾年的伴侶突然拋棄你。

當時，全公司賴以生存的業務瞬間化為烏有，五年的心血像肥皂泡一樣瞬間破滅，那時的我差點失去理智和方向。值得慶幸的是，我沒有放棄，也沒有變得一蹶不振，而是迅速地冷靜下來，開始反思自己的經營模式。

我意識到，一家企業不能把核心競爭力押注在一個人身上，這會對公司的發展造成不可預期的風險，也不利於樹立公司的品牌形象。從這一次經歷中，我記取了教訓。痛定思痛之後，我選擇重新出發。

首先，我創立了新的導師培養機制，從原來的單一導師制變成多導師制，完善導師的選拔、養成模式。這樣做，既降低了導師離席的風險，又給公司培養了多種風格的人才。

其次，我自己也鼓起勇氣走上講台，成為眾多導師中的一員。我不僅組織大家一起講課，而且努力讓自己在心理學領域成為**「用家」（可以透過行動，把知識變成能力的人）**。這次經歷徹底改變了公司的發展路線，更改變了我的人生道路。自此之後，雖然仍舊遇到導師離開公司的情況，但再也不會像當初那樣給公司帶來致命的打擊。

自此之後，公司的營業額有了一個非常大的突破，而我自己更是在心理學領域不斷精進，拓展了事業的新方向。同時，在人際關係、個人生活方面，我更是收穫良多。

回顧過去，雖然當時我遭遇了一次讓人崩潰的事件，但我不覺得那個導師是我的「敵人」，而是上天派來助我突破事業瓶頸的「恩人」。

隨後的二〇〇四年，我參加了一門課程，明白了定位的重要性。從那時起，我做了一個重大決定，將除了心理學以外的其他課程都砍掉，轉型成為一家專門做心理諮商、心理師培訓的公司。當然，現在說起來是很簡單的一件事，但是對於當時的我來說，做這個決定是異常艱難的，因為有將近三分之二的營業額一下子沒有了。

這種突破是艱難的，但也是值得慶幸的。一年後，我們的業務額便恢復了，而且增長速度比之前還快。

打破原有的狀態，是一種生命的突破。但如何才能順利突破，而不是瞬間崩潰呢？我們來看看這兩個英文字，從這兩個字的構成上，我們可以找到答案：

- **崩潰**，breakdown（break**打破**＋down**倒下／向下**）。
- **突破**，breakthrough（break**打破**＋through**通過**）。

這兩個字都是由兩個字根組成。「打破」之後「倒下了」，就是「崩潰」；「打破」之後「通過了」，繼續前行，就是「突破」。

是崩潰還是突破，就看打破後，你是如何因應的。如果你選擇隨波逐流，那等待你的就是崩潰；但是若你選擇繼續前進，那你就可以嘗試突破自己。

因此，打破原有的狀態並不可怕。這就像開手排的汽車，從一個檔換到另一個檔之前要先掛空檔。空檔，也就是給了你一個重新選擇的機會——你可以從此選擇進入高速檔，也可以選擇倒退，甚至就此停下。

所以，要尋找人生的突破口，可以主動打破原有的某種模式，讓自己進入到一個「空檔」期。當你在這個「空檔」期時，要提醒自己，這不是浪費人生的空白時間段，而是一個可以讓你主動選擇的機會，這個機會是你未來突破的起點。如果你能精準地抓住「空檔」的機會，就明白該如何選擇了，否則只能隨波逐流。

這就是「打破」的真相。與其抱怨自己的生活被打破，不如感恩命運送給你的禮物。只要生命還在，你就能在打破之後，勇敢前行。通過眼前這一關，突破很快就會發生。

財富也是一樣，如果你對目前的財務狀況並不滿意，不妨主動去打破一直以來的習慣模式。只要你能一直保持前行，突破「財富瓶頸」是必然的事情。

【財富行動指南23】

1 列出你一直以來抱怨的事情，換個角度去發現更多真相。

2 嘗試去感恩，感謝那些你已經擁有的東西。

3 主動打破某些習慣，讓「財富瓶頸」因此而突破。

想要得到更多，一定要從感恩你所擁有的一切開始。

Chapter 24

為未來，種下一顆財富的種子

只有經歷過足夠的痛，才會迎來人生的重大改變。

有些讀者會問：「我的生活平平順順的，沒有經歷過痛徹心腑的事情，但我又不甘心這樣活下去，該怎麼辦呢？」

在本章，我們來分享一個改變的方法，這個方法看起來很簡單，但威力巨大，叫做「種種子」。

因果定律

什麼叫「種種子」呢？我先和大家分享兩種常見的現象。

我在心理行業工作了二十三年。一開始，我並沒有當導師的念頭，我只是一個心理行業的經營者。但是不知不覺中，我開始走向講台，成為一名心理學導師。有時候，我也會覺得很奇怪，因為我並沒有想成為一名導師，但最後卻成了一名導師。

這種現象不僅發生在我身上，我的很多同行也是如此。我留意到，我早期學習心理學的同學現在大多數都是心理導師了。他們之前的職業有的是翻譯，有的是心理學推廣者，有的是媒體人……這些人的初心，僅僅是想幫助導師把心理學知識傳播出去。但是為什麼一開始並不想成為導師的人，到最後卻成了自己所支持的那一類人呢？

再來看看另外一種現象。

我們經常會看到，有些非常小氣的人，他們拚命地想獲得財富，但積累到一定的數量後，不管如何努力，他們的財富總額就再也無法突破了。直到有一天，有「高人」指點回饋社會後，他們的事業突然就會突飛猛進，財富也會迅速增加。

而另外有些人，就算在一無所有的時候，他們也非常慷慨。所以，他們的運氣好像也特別好，命運總是眷顧著他們。導致他們越是樂於分享，財富就越多。

你可能會說，這是因為好人有好報。那麼，世界上難道真有「好報」這回事嗎？心理學怎麼解釋這種現象呢？

種子法則

一個人內心的觀念決定了他的行動；而不同的行動，會創造出不同的結果。也就是說，你今天的結果，是你過去的行為創造的。而你過去做或者不做某件事情，取決於你內心的觀念。你內心的觀念，則會透過你的行為表現出來。

根據這個原理，我們就很容易理解為什麼你讚賞什麼樣的人，你就會成為什麼樣的人。

一個慷慨的人會變得富有，而一個吝嗇的人會一生貧窮。為什麼會這樣呢？我們來看看他們的內在理念，就會一清二楚了。

吝嗇的人，內心是匱乏的。一個內心匱乏的人，內心想法一定是「我沒有」和「我不夠」。一個人有什麼想法，便會在外在創造成什麼樣的事實，這就是所謂的「存乎中，形於外」。

當你內在擁有一種貧窮的觀念時，不管你如何努力，依舊是一個貧窮的人。就算你真的賺到了一定的金錢，你的內心依舊是貧窮的，因為你的內心總覺得不夠，總想要向外索取。一個總是向外索取的人，身邊的人會像躲瘟疫一樣逃避他。這樣的人，怎麼可能享受真正的富足？

只有內心富足的人，才會主動分享。但假如你什麼都沒有，那麼你即使想分享，也不敢分享。所以，一個願意分享的人，他的內在觀念是「我是一個擁有很多的人」，一個內在豐足的人，自然就會透過行動讓自己擁有得越來越多，這就是「好報」的簡單原理。

支持也是一樣。當你支持某人時，你的內心一定相信這樣的人是好人，是值得尊重的人，是你人生的榜樣……當你的內心擁有這樣的觀念後，你便會沿著偶像的道路不斷成長。這就是為什麼我早期學心理學的同學後來都成了導師的主要原因。

我前面舉過一個例子。有一天，兩個好朋友一起逛街，突然間，一輛紅色的法拉利敞篷跑車從他們身邊呼嘯駛過。這兩個人有兩種反應，第一個人發出一種驚嘆：「哇！」另外一個人輕蔑地說：「切！」

你覺得未來這兩個人，誰更有可能擁有法拉利跑車？讀到這裡，我相信聰明的你，內心已經有答案了。

那個說「哇」的人，內心有一個隱藏的聲音，就是：「哇，如果有一天我也能開這樣的車該多好！」他內心很羨慕那個能開帥氣跑車的人，希望自己也能開跑車。**如果內心有這樣的觀念，他自然而然就會去採取相應的行動**，例如，好好工作賺錢。這樣，未來擁有跑車的機會將大很多。

而那個說「切」的人，他內心可能在說：「切！開這種車的人不是奸商、就是富二代，一定不是什麼好人！」沒有人願意成為壞人或者奸商，所以他一定不會成為那個開跑車的人，他當然就不會擁有跑車了。

這就是「種子法則」——不同的想法，會帶來不同結果。所謂的「種子」，就是那些現在看起來微不足道的想法，但只要假以時日，一顆再微小的種子，也會長成參天大樹。

「刻意練習」的法則

我們內心的認知會外顯為我們的行為。其實，把這個原理反過來用也是有效的——外在的行為，也會內化為我們的觀念。

因為「觀念」與「行為」是兩個互動的因素。當你有了一個堅定的內在觀念時，你才會有某種行為；反過來看，如果你反覆做某種行為，也會產生一個相應的觀念。

當你相信你是富足的，自然會樂於分享；反過來，一旦你養成了分享的習慣，內心自然也會相信自己是富足的——這就是「刻意練習」的法門，先從小事著手，然後你就會真的擁有。

不同的人，有不同的練習方法。喜歡思考的人，往往喜歡「從知到行」；不喜歡思考的人，則可以「從行到知」。「條條大路通羅馬」，道路有千萬條，總有一條最適合你。

如果你真想成為一個有錢人，不妨從簡單的行動做起——做一個慷慨的人，去分享你的東西，去支持那些你想成為的人。

也許有人會說：「老師，我一無所有，有什麼可分享的？」

其實，你並不需要擁有太多，因為這僅僅是一顆種子，種子通常都是微小的，但是再小的種子都有可能長成參天大樹。比如一句溫暖的話語、一個暖心的微笑、一個肯定的眼神……就算你一窮二白，發篇貼文總可以吧？小小的分享也會有無窮的威力。

如果你真的什麼都沒有，那不妨用你的存在去支持那些值得你支持的人。只要你站在他的身邊，就是一股無形的力量，這股力量也是支持的一種方式。

倘若你總是索取，事情便會變得越來越糟。一個人若從來都不願分享，更不願意去支持別人，那和一個乞丐有什麼不同呢？分享，不僅可以讓你的內心獲得認同感，還可以拉近人與人之間的距離。

分享知識可以讓陌生人成為朋友，但是一味索取卻可以把親人變成陌生人。我們看到多少家庭破碎的案例，都是因為家人不斷地索取而造成的。

就算你現在一無所有，你都可以去分享和支持。就像我當年一直支持我的導師，其實我是在強化一個觀念：心理學導師是非常好的。當我要推廣一位導師時，我就會告訴我的客戶，這個老師非常好，他有能力改變別人的命運。

一次次向大眾傳播心理學——這個觀念深深地種在我的心裡。而我給自己種下的「做慷慨的專業心理導師」這顆種子，隨著時間推移不斷生根發芽，到今天終於開花結果。

同樣地，如果你想成為一個有錢人，最好的方法就是看看自己的領導者是什麼樣的人，只有支持他們的工作，和他們建立同一項目標，自己才會在共同奮鬥的過程中逐漸成為更有錢的人。

當你不斷地支持他們，就會強化你想成為他們的觀念。這時候，財富的種子便會深深地種在你的潛意識中，假以時日，你一定會成為他，甚至超越他。

相反地，如果你拿著老闆的薪資，卻處處去破壞他的企業，在你心中就會建立一個「有錢人都不是什麼好人」的觀念。那你的潛意識會種下一顆壞的種子，為了維護你是對的，你就會一直都讓自己「窮並光榮著」。

你在幫助別人的時候，內心已經為自己種下了一顆種子，這顆種子就是一個堅定的觀念：「我是富足的。」只有富足的人才願意去支持別人，有了這樣的觀念，你一定會有行動，那自然就會有富足的結果。

你人生的成果，是你心中播下種子結出來的果。
若你種下的是愛，你將會收穫愛；若你種下的是恨，那你只能收穫恨。
如果你要收穫財富，那麼從現在開始，你必須先種下財富的種子。

【財富行動指南24】

1為自己的未來，種下一顆財富的種子。從微小的行動開始。這顆種子，看起來可能微不足道，但只要假以時日，這顆微小的種子就會長成參天大樹。

2假裝擁有，直到真的擁有。去支持那些你想成為的人，你的支持，對別人來說也許微不足道，但是對你自己而言，卻有著巨大的內在驅動力。

越是樂於分享，財富就越多。

Chapter 25

由「富」到「貴」，提升你的生命層次

我們經常會用「心想事成」這個詞來祝福別人。但是，現在我卻並不想這樣對大家說。為什麼呢？

「心想事成」，不一定是好事

大學畢業後，我被分配到一間很落後的工廠工作。在工廠旁邊，有一棟兩層高的小樓。這是一座沒有外牆磚、灰撲撲的小樓，占地十二坪左右，總建築面積不會超過三十坪。那時候的我很窮，工廠分配給我的宿舍十分破敗，牆壁上的灰泥碰一下就會掉下來一大塊。但是，對我這樣的窮小子而言，這樣的宿舍已經十分奢華了。

所以，談戀愛時，我總把那棟小樓作為我的人生目標。當我和女朋友騎自行車經過那裡的時候，我就對女朋友許了一個願望：「希望我能給你一間這樣的房子。如果這輩子能有這樣一棟小樓的話，我感覺就不枉此生了。」

這就是我當年的一個真實願望，幸好沒有心想事成，不然，我可能不會離開那家工廠，今天也許還住在那棟破敗的小樓裡。

最重要的是：如果我當時只是緊緊地盯住那棟三十坪的小樓，我這一輩子也許就那樣了。

很多人的長期目標都是想擁有更多的財富，但光有財富是不夠的，富而不貴，是一種悲哀。所以，我不想只是祝你們心想事成，因為當祝一個人心想事成的時候，他想到的會是一個侷限的心願。這個侷限的心願一旦達成了，可能會約束你的人生。

其實大多數人的想法，都會受到思維的約束。在生活中，這樣的例子比比皆是。我們很多人終其一生都在為一個目標而奮鬥，但是到最後真的實現這個目標時，大多數人會發現，這根本就不是自己想要的。

因此，「心想事成」有時並不一定是一件好事。心理學研究表明，其實，每個人的願望都會受到當時的環境和思維模式的限制。對於一個乞丐來說，他心裡想到的可能僅僅是乞討。而我當年的那個願望，在某種程度上說，其實與被現實所困的乞丐並沒有什麼兩樣。

向上的路從來都不會擁擠，如果你覺得擁擠，可能是你的思維受限了。**高度決定你的視野**，當你站在高一點的地方時，自然會看到不一樣的風景。如果你身處窪地去想像那個所謂的未來，那你的未來便會困在十分有限的空間裡面。

因此，這樣的心想事成，在一定意義上也是一種畫地為牢。從某種程度上來說，如果某件事情很容易實現，那你會非常容易停留在一個很小的目標上，最終停下繼續前進的腳步。

與其追逐金錢，不如讓人生更上一個層次

有些人為了買房子，辛辛苦苦地打拚一輩子，最後真的實現願望，卻發現自己背了一身的債務，人生並沒有什麼起色。因此，與其耗費大量的時間和精力去實現某一個願望，不如靜下心來，好好想想自己真正想要的是什麼。

每年年初，我的公眾號都會有一個許願的活動。我發現，很多學員在許願的時候都離不開「我要賺多少錢」、「住多大的房子」、「開多豪華的汽車」，或者「周遊世界」、「娶個好老婆」、「嫁個好老公」，要不就是「找一份錢多事少離家近的工作」……

這樣的願望是出於人們樸實的願望，無可厚非。可是，在我看來，並沒有多少新意。

那麼，什麼是有新意的願望呢？有一位學員曾在微信裡跟我說：「**我的願望是讓自己不斷地成長。當我帶著這個目標去學習的時候，我發現人生各方面都慢慢變得更好了，不只是我的錢多了，我的人際關係也變好了，孩子也更乖巧懂事了。**」

所以，我想與更多人分享的是，不僅僅要懂得如何獲取財富，而且要讓自己活得有層次。

我不希望你終其一生去追逐金錢。因為一旦你將金錢作為唯一的人生目標，當你真的獲得了金錢，回頭一看，你可能會發現自己浪費了一生——這不是我寫本書的真正目的。

如果一個人眼裡只有錢，他可能會失去很多。但是，當一個人把目標定位在個人的成長時，他的生活會發生巨大的改變。

為什麼會這樣呢？

當一個人眼裡只有「事」的時候，會出現很多偏差。但是，當一個人把目標放在「人」身上時，那麼這個人的格局和心胸就會變得很大，與人有關的種種事情自然就會圓滿了——因為我們要做的所有事情都是建立在人上的。只有那些讓你有所成長的目標，才是人生真正值得追求的。

所以，**不要站在現有的高度去制訂自己的目標，而是要站在「如何提升自己的人生高度」這個角度來看待金錢和你的一生。**

人是會變的，但是，事物發展的規律是不會變的。當你站在目前的高度看問題，你一定會遇到很多困難。困難就像一座大山一樣擋在你的面前，而你的目標僅僅是山前的一小片空地。大山擋住你的視野，眼前你看到的只是一小部分。而山是不會長高的，但是人會。人可以跨越大山，人也可以把困難甩在身後。

比如，對於小學生來說，小學的功課一定是一個不小的難題。可是當你成為國中生的時候，再回頭看小學難題，那對你來說一定是小菜一碟——因為你成長了，你的能力提升了。

愛因斯坦曾說過這麼一句話：「人類的困境，源於人們往往在製造問題的層次解決問題。」只有換一個層次，才能換一種人生。我們要做的，就是不斷提升生命的層次，活出人生的嶄新意義。

以終為始：規劃好你的人生路線

在今後的日子裡，我希望你能利用人生的困難，讓自己成長。困難，其實就是你成長的機會。在遇到困難的時候，請你一定要把它當作鍛鍊自己的機會。如果你勇於面對困難，不斷提升自己的能力，那麼，每一次的困難都會讓你的人生躍升一個新的高度。

就像你在路上行走的時候，碰到一塊石頭，這塊石頭是絆腳石還是墊腳石，並不是由石頭決定的，而是由你自己決定。因為除了面對困難，我們還可以主動地提升自己。

在這裡，我有幾個小小的建議：

一、多讀書，讀好書

很多書都是作者一生的精華。讀一本好書，就像站在巨人的肩膀上看世界。

我在沒寫書之前會覺得書很貴，但是當我開始寫書之後，突然覺得書太便宜了。因為我花了很多心血總結出來的經驗，全都寫在這本書裡，而這本書只賣區區幾百元，天底下還有什麼比讀書更廉價的投資呢？

所以，多讀好書，對提升你的人生層次會有非常大的幫助。

二、走出你熟悉的地方，去看看外面的世界

這對擴展你的人生格局很有幫助。

如果一個人一輩子都待在同一個地方，所接觸的人、事、物都是一樣的，他的思維模式就會固化，甚至沒有任何改變的動力。

三、換一個社交圈

物以類聚，人以群分。如果你經常處在某一個圈子，你就只能與同一種人相處。所以，你要刻意地去結交那些你欣賞的人，看看他們身上有哪些是值得你學習的地方。

四、重回課堂，重新學習

重新回到課堂，你的感悟肯定是不一樣的。

社會上有很多為成人開的課程，比如心理學課程。導師站在講台上所分享的，一定是值得借鑑的人生感悟。他不經意地點撥，很可能讓你的人生到達一個更高的層次。學習，無疑是回報率最高的一種投資。

雖然這本書的主題說的是財富，但其實財富僅僅是實現理想的一個工具，而不是最終的目的。**在達成目標的過程中，最有價值的一件事情不是看你是否獲得了想要的東西，而是在這個過程中，你變成了什麼樣的人。歸根結柢，「成為你想成為的人」，才是真正值得追求的目標。**

所以，與其終日追逐金錢，倒不如去想想你到底想成為一個怎樣的人。當你把焦點放在

「錢」上時，其實就是把焦點放在事上，而事會侷限你的人生。當你把焦點放在人的身上時，那你的格局將會更加宏大，目標也將更為長遠。

將成長的焦點放在自己身上，不妨試試這種方法——**為自己的人生立傳。**

我們都知道，司馬遷的《史記》中收錄了很多歷史名人傳記。這些能被司馬遷立傳的人，都是生前建功立業的人。我們這樣的普通人，如何才能讓自己成為自己的傳奇呢？這時候，不妨問問自己：

- **有可能的話，你要成為一個什麼樣的人呢？**
- **如果你要成為那樣的人，你要做些什麼？**

像編劇一樣，為自己的下半生做一個規劃。

當你完完全全規劃好自己的人生之後，你可以站在後人的角度，去看自己的後半生。如果你真的成了你想成為的那種人，你會如何為自己寫一段歷史評價呢？想像你是一位歷史學家，請從歷史的角度為自己立傳。

【附】：範文〈范蠡傳〉

范蠡，字少伯，楚國人，春秋時期著名的政治家、軍事家、大商人。他被楚國官員文種所賞識，二人相交甚深。後來，兩人相約一起投奔越國，輔佐越王勾踐。他存越滅吳，幫助越王勾踐一雪會稽之恥，成為春秋時期叱吒風雲的人物。功成名就後，他淡泊名利，毅然棄官經商，累積的家產數以億計，富比王侯。他的經商思想和經商理論一直到現在還被人們流傳、借鑑，被後人尊稱為「陶朱公」、「商聖」。

（作者注：因《史記・范蠡傳》原文較長，篇幅所限，摘錄其關鍵部分，改寫為白話文供大家參考。）

【財富行動指南25】

1 嘗試為自己的人生立傳。

2 放大自己的夢想。假設一切皆有可能，你要成為一個什麼樣的人呢？如果你要成為那樣的人，你要做些什麼？請你像一個編劇一樣，為自己的下半生做一個規劃。

3 當你完完全全規劃好你的人生之後，站在後人的角度去看自己的後半生。如果你真的成了你想成為的那種人，你會如何為自己寫歷史評價呢？

「成為你想成為的人」，才是真正值得追求的目標。

【結語】

你的財富之門，已為你打開

本書中所說的內容，你也許並不都贊同，但請不要讓這些文字成為你的束縛。畢竟，我寫這本書的目的，是希望為你打開一扇財富之門。

現在，門已經為你打開，剩下的路，要靠你自己去走。

前段時間，我的一位朋友跟我分享了自己的親身經歷。

有一天，他接到一通陌生的電話，電話來自一位沒被他錄用的面試者。那位面試者說：「雖然我當時被你拒絕了，但你跟我說的那段話給了我很大的啟發。因為你的那番話，我得到了很大的激勵。今天，我已經做出一點成績了。我想感謝你，請你給我一個帳號，我要匯一筆錢給你，表達我對你的感謝。」

朋友以為對方只是匯一筆小錢表達感謝，於是給了他一個帳號。沒想到幾天後，他的帳戶居然收到了一筆一千萬鉅款！這把他嚇了一跳。他趕緊打電話給那個陌生人，問他是不是匯款時多按了幾個零。那人說：「沒錯，就是一千萬，這是我對你的感謝。現在，我的身家已經有幾十億了。沒有你的教導，我無論如何也沒有今天。我只是用這一千萬來表達自己的一點心意。」

這是一個真實的故事，這位朋友在跟我講這個故事的時候眼含熱淚。

有時候，我們真的會在無形中影響一個人的人生。

這個故事也深深地觸動了我，作為一名心理導師，我也希望大家在看了這本書之後，將來變成一個身價不菲的人。

我會等待你們的好消息。我相信，只要真的按照書中的內容來實踐，你一定會成為一個內心富足的有錢人。

【附錄】

「財富心智修練」引導詞

現在，我們來做一個財富冥想練習，請你的潛意識允許自己做一次特別的體驗。這個體驗沒有對錯，我們只是邀請你看看，關於財富，你正在感受和思考什麼，因此，無論出現什麼，都是可以的。

如果你閉上眼睛感到舒服的話，就閉上眼睛，坐在椅子上或躺在床上都可以，跟著我的聲音。如果你發現你走神了，就慢慢地回到我的聲音上來。

現在，深深吸一口氣，緩緩吐出來。把你的注意力放在你的身體上，注意你是怎樣坐在椅子上的，看看你是否能真切地注意到椅子的形狀，以及身體與它接觸的感覺。感受你的感受，無論你感受到的任何內容，都可以讓身體放鬆。

你可以用你的有意識聽到我的指引，潛意識讓身體放鬆；也可以用你的潛意識聽到我的指引，有意識讓身體放鬆。不管是有意識還是潛意識，都可以聽到我的指引，都可以讓身體放鬆。

現在，我邀請你把注意力放到你和財富的關係上，當你聽到財富、金錢、賺錢、花錢等這些關於錢的概念時，注意你出現的任何情緒。如果你有任何情緒的話，只是感受它們。

金錢，也許曾經給你帶來過快樂、興奮、幸福，也許還有無助、憤怒和悲傷。現在，我邀請你把注意力放在那些不好的感受上，當聽到我這樣說時，請留意你大腦中出現的畫面、聲音，以及你身體的感受。

當你充分感受了關於錢的感受，現在，我邀請你關注、感受下面的想法：是什麼想法創造出這些感受呢？不管是什麼想法，你只需要注意到它，想法僅僅是想法，沒有對錯，但可以肯定的是，這些想法在過去曾經幫助過你，所以你可以對這些想法說聲「謝謝」！

當然，過去有用的東西未必今天還有用。就像一些過去的舊衣服一樣，你今天已經長大了，那些曾經給你帶來過好處的舊衣服已經不再適合今天的你，而且款式也早就不合時宜了。有些想法也是這樣，過去曾經對你有用，但對今天的你來說，也許是個約束。所以，我們要注意到這一點，不要讓那些舊的想法困住今天的你。

如何判斷一個想法是否還有用呢？這很簡單，你只需要問自己：我堅持這個想法，可以讓我變得更有錢嗎？如果答案是肯定的，請保留這個想法；如果答案是否定的，你就要注意了。

當然，這並不是一個錯誤的想法，因為它曾經幫助過你，就像那些舊衣服一樣，只是不合時宜而已。你無須批評它，更不要指責它。你可以在你的內在創建一個舊信念博物館，把這些不再有用的想法放在博物館裡；你也可以對它說聲「謝謝」，然後目送它離開……

好，做得非常好。

現在，我邀請你把注意力放到錢的具體載體上，回想一下你認識的有錢人，特別是你還很小的時候，你認識的那些有錢人，你的親戚、你的鄰居、你朋友、同學的父母等等，如果他們中有有錢人的話。

當你想到了一些有錢人的形象，注意你出現的情緒。如果你有任何情緒的話，只是感受它們，不管是快樂、興奮、幸福，還是無助、憤怒和悲傷。

現在，我邀請你把注意力放在那些不好的感受上，當聽到我這樣說時，請留意你大腦中出現的畫面、聲音，以及你身體的感受……

當你充分感受了有錢人在你心中的感受，現在，我邀請你關注、感受下面的想法：是什麼想法創造出這些感受呢？不管是什麼想法，你只需要注意到它，想法僅僅是想法，沒有對錯，但可以肯定的是，這些想法在過去曾經幫助過你，所以你可以對這些想法說聲「謝謝」！

然後，跟剛才一樣問自己：我堅持這個想法，可以讓我變得更有錢嗎？如果答案是肯定的，請保留這個想法；如果答案是否定的，你可以把它放進你創建的舊信念博物館，也可以對它說「謝謝」，然後目送它離開……

好，做得非常好。

現在，我邀請你放開你的想像力，想像一下，你現在已經變得很有錢了，你想有多少，就有多少。我邀請你去體驗當你有了錢之後的生活，留意一下你會看到什麼，你居住的房子是什麼樣子，你的辦公室如何布置，你開什麼樣子的車，你跟什麼樣的人生活在一起，你認識的人會如何評價你，在父母眼裡，你成為了怎樣的人，在孩子眼中，你又是什麼樣的人……當你看到、聽到了這些，留意你內心湧上來的感受，充分去感受這份感受……

當你已經充分感受了這份感受，我要問你一個問題。在問這個問題之前，我要讓你知道這個問題的答案沒有對錯，你也不需要把答案告訴任何人，它只是讓你知道你現在在哪裡，任何答案都是你人生的里程碑。當你準備好之後，請你的內在誠實地回答：你值得擁有這樣的生活嗎？這個世界那麼多人，憑什麼是你過這樣的生活，而不是別人？你曾經為這個世界做了什麼貢獻？世界是否因為你的存在，而變得更加美好？

感受你此刻的感受，不管是什麼感受，你只需要體驗它，而不是評判它。然後聆聽感受背後的聲音，看看是否漏了一些什麼。再問問自己：如果我有了錢之後，我做些什麼，我才會有更強的配得感？我才會當之無愧地說：我值得擁有這樣的生活！

你知道，金錢在某個特定的時間和範圍裡，是一個恆定的量。換句話來說，就是你的錢多了，就是某人的錢變少了。憑什麼別人的錢要跑到你的身上？這個問題的答案，就是配得感的根基。請你由內而外生起宏願：因為錢在你身上，你可以讓錢發揮出更大的價值；因為錢在你身上，你可以讓世界變得更加美好……靜坐三分鐘，讓你的善良帶你去想像，你可以為世界做什麼樣的貢獻……

好，做得非常好。

你值得擁有這樣美好的生活，因為你善良，因為你有智慧，錢在你身上會讓世界變得更好！請相信有一股無形的力量，錢一定會流到像你這樣能為大眾做貢獻的人身上，因為你值得擁有！

深深地吸一口氣，把這種美好的感覺吸進你的體內，讓身體的每一個細胞都知道，你就是一個有錢人，因為你有錢之後，會讓世界因為有你的存在而變得更加美好！所以，你值得擁有更好的生活！

當你完全相信這一點，請慢慢睜開你的眼睛，回到現在。

＊作者注：本篇的「財富心智修練」練習，我已錄好語音檔，請大家以微信（WeChat）掃描下方的QR Code，便可以獲得一個心智修練引導音頻。

國家圖書館預行編目資料

別人怎麼賺錢，是你不會的／黃啟團著. --初版. --臺北市：寶瓶文化, 2020.11, 面； 公分. --(Vision；203)
ISBN 978-986-406-208-9(平裝)
1.金錢心理學 2.財富 3.成功法

561.014　109017596

Vision 203
別人怎麼賺錢，是你不會的

作者／黃啟團

發行人／張寶琴
社長兼總編輯／朱亞君
副總編輯／張純玲
資深編輯／丁慧瑋　編輯／林婕伃
美術主編／林慧雯
校對／丁慧瑋・陳佩伶・劉素芬
營銷部主任／林歆婕　業務專員／林裕翔　企劃專員／李祉萱
財務主任／歐素琪
出版者／寶瓶文化事業股份有限公司
地址／台北市110信義區基隆路一段180號8樓
電話／(02)27494988　傳真／(02)27495072
郵政劃撥／19446403　寶瓶文化事業股份有限公司
印刷廠／世和印製企業有限公司
總經銷／大和書報圖書股份有限公司　電話／(02)89902588
地址／新北市五股工業區五工五路2號　傳真／(02)22997900
E-mail／aquarius@udngroup.com

法律顧問／理律法律事務所陳長文律師、蔣大中律師
如有破損或裝訂錯誤，請寄回本公司更換
著作完成日期／二〇二〇年十月
初版一刷日期／二〇二〇年十一月
初版三刷日期／二〇二〇年十一月三十日
ISBN／978-986-406-208-9
定價／三七〇元

Published by Aquarius Publishing Co., Ltd.
Printed in Taiwan.

AQUARIUS 寶瓶 文化事業

愛書人卡

感謝您熱心的為我們填寫，
對您的意見，我們會認真的加以參考，
希望寶瓶文化推出的每一本書，都能得到您的肯定與永遠的支持。

系列：Vision 203　**書名：別人怎麼賺錢，是你不會的**

1.姓名：＿＿＿＿＿＿＿＿　性別：□男　□女

2.生日：＿＿＿年＿＿＿月＿＿＿日

3.教育程度：□大學以上　□大學　□專科　□高中、高職　□高中職以下

4.職業：＿＿＿＿＿＿＿＿

5.聯絡地址：＿＿＿＿＿＿＿＿＿＿＿＿＿＿＿＿＿＿＿＿

聯絡電話：＿＿＿＿＿＿＿＿　手機：＿＿＿＿＿＿＿＿

6.E-mail信箱：＿＿＿＿＿＿＿＿＿＿＿＿＿＿

□同意　□不同意　免費獲得寶瓶文化叢書訊息

7.購買日期：＿＿＿年＿＿＿月＿＿＿日

8.您得知本書的管道：□報紙／雜誌　□電視／電台　□親友介紹　□逛書店　□網路　□傳單／海報　□廣告　□其他

9.您在哪裡買到本書：□書店，店名＿＿＿＿＿　□劃撥　□現場活動　□贈書

□網路購書，網站名稱：＿＿＿＿＿＿　□其他＿＿＿＿＿

10.對本書的建議：（請填代號　1.滿意　2.尚可　3.再改進，請提供意見）

內容：＿＿＿＿＿＿＿＿＿＿＿＿

封面：＿＿＿＿＿＿＿＿＿＿＿＿

編排：＿＿＿＿＿＿＿＿＿＿＿＿

其他：＿＿＿＿＿＿＿＿＿＿＿＿

綜合意見：＿＿＿＿＿＿＿＿＿＿＿＿＿＿＿＿＿＿＿＿＿＿＿＿

11.希望我們未來出版哪一類的書籍：＿＿＿＿＿＿＿＿＿＿＿＿＿＿＿＿

讓文字與書寫的聲音大鳴大放

寶瓶文化事業股份有限公司

（請沿此虛線剪下）

廣 告 回 函
北區郵政管理局登記
證北台字15345號
免貼郵票

寶瓶文化事業股份有限公司 收

110台北市信義區基隆路一段180號8樓

8F,180 KEELUNG RD.,SEC.1,

TAIPEI.(110)TAIWAN R.O.C.

（請沿虛線對折後寄回，或傳真至02-27495072。謝謝）